가치혁신을 위한
자기경영비법

가치혁신을 위한 **자기경영비법**

초판 1쇄 인쇄 2013년 05월 06일
초판 1쇄 발행 2013년 05월 13일

지은이   정득교
펴낸이   손형국
펴낸곳   (주)북랩
출판등록 2004. 12. 1(제2012-000051호)
주소   서울시 금천구 가산디지털 1로 168,
          우림라이온스밸리 B동 B113, 114호
홈페이지 www.book.co.kr
전화번호 (02)2026-5777
팩스   (02)2026-5747

ISBN 978-89-98666-51-4 13320

이 도서의 국립중앙도서관 출판시도서목록(CIP)은 서지정보유통지원시스템 홈페이지(http://seoji.nl.go.kr)와
국가자료공동목록시스템(http://www.nl.go.kr/kolisnet)에서 이용하실 수 있습니다.
(CIP제어번호 : 2013005298)

정득교 지음

인생의 핵심 Key Word

가치혁신을 위한
자기경영비법

book Lab

차례

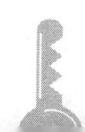

기본개념

- 기업(Company)은 같이(Com) + 먹을거리(Pan)이다
- 경영(Management)을 간단하게 말해봐
- 기업의 목표, 자기 경영의 목표
- 경영 실적의 기준 잣대는 회계다
- 거래의 8요소가 뭔지는 알고 있어요?

제1장

기본개념

◆ **기업(Company)은 같이(Com) + 먹을거리(Pan)이다**

     기업의 존재 이유에 대해서는 기업의 목적과 역할 입장에서 보는 관점과 사회 안(內)에서의 기업을 보는 관점에 따라 달리 해석할 수 있다. 먼저 기업의 목적과 역할, 사명 측면에서 기업을 본다면 생산 중심적인 개념과 마케팅 중심적인 개념, 인간 중심적인 개념으로 구분할 수 있다.

     기업을 의미하는 Company는 그 어원을 보면 Com은 다 함께, 모두, 같이 라는 의미가 있고, Pan은 빵(먹을거리)을 의미한다. 즉 조직 내의 구성원들이 다 같이 잘 먹고 잘 살자는 의미가 내포되어 있는 것이다.

     생산 중심적 개념에서 보면 기업의 목적은 이윤을 극대화하는 것이다. 즉 기업의 설립 목적은 돈을 벌기 위한 것이다, 라는 것에 이론(異論)의 여지가 없을 것이다. 개별 기업들이 이윤을 극대화하는 과정 속에서 생산이 활발히 진행이 되고, 그런 활동을 지속적으로 함으로써 신규 고용이 창출되어 국가가 발전할 수 있다는 것이다.

기업은 사람, 자금, 물자 등 여러 자원들을 조합하여 제품을 공급하고 서비스를 제공하되 최소한의 자원을 활용하여 최대 효과를 끄집어내어 이윤을 극대화하는 기관이라고 할 수 있다.

마케팅 중심적 개념에서 보면 기업의 역할은 고객을 창출하는 것이다. 현대 경영학의 아버지라고 불리는 피터 드러커(Peter Drucker)는 '사업을 하는 목표는 만족한 고객을 만드는 것 오직 하나뿐이다.'라고 하였고, 러스트(Rust)는 '기업의 장기적인 가치는 기업의 고객과의 관계에 의해 결정된다.'고 하면서 기업의 고객 자산은 '기업의 모든 고객들의 생애 가치(CLV: Customer Lifetime Value)를 할인한 값의 합이다.'라고 정의하였다.

기업의 제품이 뛰어나더라도 고객의 욕구에 부합하는 제품을 만들어야 한다는 것이고, 그렇기에 소비자에 대해서 끊임없이 연구를 해야 하며 소비자의 욕구를 근거로 경영활동을 하여야 한다는 것이다.

인간 중심의 개념으로 본다면 기업의 사명은 직원들의 능력을 계발하는 것이다. 미래학자인 앨빈 토플러(Alvin Toffler)는 그의 저서 『제3의 물결』에서 기계나 건물이 기업의 비용이며 인간은 최대의 자산이 된다고 하였으며 그중에서도 창조적 인간이야말로 무엇보다 큰 재산이 된다고 하였다.

단순하게 기계나 건물과 같이 사람도 비용으로 인식하던 시기를 지나 기업의 가장 중요한 자산으로 인식해야 한다는 것이다. 즉 미래 기업의 사명은 사람의 능력을 계발하는 것이다.

기업을 사회 안(內)에서 본다고 하는 것은 기업이 사회 안(內)에서 수행하는 역할을 바라본다는 개념이 들어 있다. 기업이 사회로부터 부여받는 역할을 수행하는 중에 제한된 자원을 효율적으로 활용하여 창조적인 활동을 한다는 것이 있는데 이러한 기업의 고유한 가치가 사회에 긍정적으로 평가될 수가 있는 것이다. 따라서 기업의 경영자는 기업이 사회조직 내에서 긍정적인 영향력을 행사할 수 있도록 기업의 윤리적 측면을 계속 생각하면서 경영을 하여야 한다.

◆ 경영(Management)을 간단하게 말해봐

가계, 기업 기타 국민경제를 구성하는 개별경제의 단위를 경영이라고 한다. 경영의 개념을 간단하게 본다면 경영은 경영학의 연구 대상이라고 할 수 있으며, 경영학에서는 방법론의 차이에 따라 여러 가지 의미로 사용된다.

개별경제학(個別經濟學)의 입장에서는 종합 경제로서의 국민경제를 구성하는 여러 조직들의 독립적인 개별경제 단위를 경영이라 보기 때문에, 경영의 개념 속에는 생산 경제의 단위인 기업뿐만 아니라 가계나 재정 등의 소비경제의 단위도 포함된다.

이에 대하여 경영경제학(經營經濟學)의 입장에서는 경영을 독립적인 생산 경제의 단위이며, 재화와 서비스의 생산이나 배급에 종사하는 경제적 조직이라고 본다. 따라서 경영경제학에서는 공공 재정이나 가계 등 소비경제의 단위는 경영의 개념에서 제외된다.

한편, 미국의 경영관리학(經營管理學: business management)의 입장에서는 관리하는 것(managing)이라는 말에서 보는 바와 같이, 경영을 수익성 원리가 아닌 경제성 원리(經濟性原理)에 따라 이끌어지는 개별경제의 활동이라고 보고 있다.

따라서 영리기업을 주된 연구 대상으로 하되, 비영리기업(公企業)이나 가계뿐만 아니라 모든 관리 대상 조직체(예: 학교, 교회 등)로서의 개별경제도 그 연구 대상으로 한다.

오늘날에 와서는 경영을 하나의 사회구성체로 보면 경영은 조직(組織)이라고 할 수 있으며, '경영한다'라고 하는 과정 속의 개념으로 보면 경영은 의사결정이라고 인식되고 있다.

독일경제학의 의사결정 지향적 경영학에서는, 경영이란 조직이며 조직은 경영목적 시스템·정보 시스템·인적 시스템 등의 하위 시스템(sub-system)을 가진 하나의 포괄적인 시스템으로 본다. 한마디로 경영이란 조직을 효율적으로 이끄는 데 필요한 의사결정을 내리는 행위라고 할 수 있다는 것이다. 그리고 경영학은 그런 의사결정을 보다 합리적으로 내릴 수 있도록 오랫동안 축적된 노하우와 과학적인 방법을 통해서 그 해법을 제시하는 이론적 도구(tools)라고 할 수 있다.

조직이론의 대부라 불리는 '바나드(Chester Irving Barnard)'는 경영이란 조직을 구성하고 운영하는 것이며 동시에 '의사결정'이라 규정하고 있다. 많은 개념들을 달리 해석하고 있지만 중심이 되는 뜻을 보면 **경영이란 것은 필요 적절한 의사결정을 내리는 것**이라고 할 수 있다.

통상적으로 기업에서는 일정 기간 동안의 기업 활동의 집계표인 대차대조표와 손익계산서 등 중요한 회계의 산출물 즉, 재무제표를 분석해 봄으로써 속해 있는 기업의 강점과 약점 등을 파악할 수 있으며 그 분석 자료를 이용하여 향후의 의사결정을 내리는 경영을 하고 있다.

개인도 자기 경영의 일환으로 그동안 살아온 행적의 중심에 있는 자신에 대해 분석을 해보고, 자신이 남과 다르게 가지고 있는 장점과 남들에 비해 불리한 점을 파악하여 불투명한 세상을 살아가기 위한 자기 경영 계획을 면밀하게 세워 실천할 필요성이 있다. 계획을 세워봤자 계획대로 잘 되지 않는다고 계획을 세울 필요가 없다고 하는 사람도 있겠지만 계획은 동기를 부여를 하기 때문에 절대적으로 개인의 자기 계발과는 연관이 있음을 주지하기 바란다.

◆ 기업의 목표, 자기 경영의 목표

기업의 경영 목표는 무엇인가? 개인의 자기 경영 목표는 무엇인가?

일반적으로 회사는 사업계획을 작성할 때 중·장기 사업 계획과 단기 사업 계획을 작성하게 된다. 여기서 중·장기 사업 계획을 사업 목적이라 할 수 있으며, 단기 사업 계획을 경영 목표라고 할 수 있다. 즉 사업 목적은 3~5년 이내에 달성하고자 하는 목표(To-be)를 말하고, 경영 목표는 1년 내에 달성하고자 하는 구체적이고 정량적인 성과 수준을 말한다. 사업 목적과 경영 목표는 두 가지 모두 회사 소속 임직원들의 실천 의지를 담은 것으로 사업 범위와 영역을 명확히 설정하고 있어야 한다. 또한 경영 목표 수립에 있어 특별히 유의해야 하는 것이 있다.

경영 목표는 회사 전체의 조직 구성원들이 전사적으로 수행해야 하는 것으로 부서별, 개인별 업무 목표로 세분될 수 있다. 개인의 자기 경영 목표도 마찬가지로 중·장기 계획과 단기 계획을 세워서 노력해야 목표를 달성할 수 있다. 따라서 기업이나 개인이나 구성원들이 동참이 가능하여야 하고, 자발적인 참여가 가능한 계획을 세워야 한다. 조직 구성원들의 힘이 결집되어야 큰 효과를 기대할 수 있는 것이다. 그렇지 않고 일부 직원들의 의지만 담겨 있다면 달성하고자 하는 목표가 아니라 '안 되면 말고' 목표인 것이다.

경영의 목표에는 수치적으로 나타내는 수치목표와 그렇지 않은 비수치목표가 있을 수 있다.

　수치목표라고 하는 것은 올해의 매출액, 매출이익, 영업이익 식으로 나타내는 것이 수치목표이고, 이와 반대로 기업의 브랜드 확장, 사회공헌 확대, 환경문제에 대한 해결 등은 비수치 목표라고 할 수 있다.

　주로 재무제표로 나타나는 손익계산서 항목과 대차대조표 항목을 눈여겨보는 것을 수치목표라고 생각해도 무방할 것이다. 요즘은 손익계산서와 대차대조표 항목보다는 결국 기업은 이익과 현금 흐름의 중요성이 대두되어 현금 흐름 경영을 중요시 여긴다.

　요즘도 일부 직원들에게 기업의 목적이 무엇이냐고 물어보면 이윤창출이라고만 답하는 친구들이 많이 있다. 그동안 기업은 이익을 창출하고, 추구하는 주체로서만 많이 인식되어 왔다. 하지만 일반 사람들의 지식수준이 향상되고, 매스미디어가 발달함에 따라 이윤만을 추구하는 기업에 대해 더 이상 대중들은 호의적이지만은 않게 되었다.

　이에 따라 기업이 이윤을 사회에 환원해야 하게끔 되었고, 그런 차원에서 기업의 사회적 책임활동(Corporate Social Responsibility)들이 중요한 개념으로 부각이 되고 있다. 기업의 '사회적 책임활동'이라는 것은 기업의 사회성을 문제 삼는 것으로, 기업이 자신을 존재시켜준 사회에 대해 책임을 져야 한다는 의미가 담겨 있는 것이다.

　사회적 책임활동이라는 말의 사전적 의미를 살펴보면' 박애', '자

가치혁신을 위한 자기경영비법

선', '박애주의', '자선사업'이라는 의미를 갖고 있는데, 실제로 이 단어는 좀 자발적인 정신이자, 자발적인 활동으로서 일상적 선의에서 대규모의 공익사업을 포괄 한다.

개인을 가장 작은 기업이라는 의미로 해석을 해본다면, 개인의 자기 경영이란 자기 자신을 하나의 기업으로 보고 **자신의 모든 부분을 총체적으로 관리하는 것**을 말한다. 기업경영과 같이 개인의 목표를 달성하고 기업의 성과에 이바지하기 위해 전략수립 및 시행, 일련의 경영활동을 수행하는 것을 의미한다. 단순한 자기 계발을 넘어서서 자신의 이미지, 시간, 능력, 모든 부분을 컨트롤하는 것을 말한다.

기업보다는 개인의 입장에서는 수치목표보다는 비수치목표가 더 중요할 수 있다. 이제까지와는 달리 이제는 자기가 속해 있는 조직이 개인을 보호해주는 시대는 지나간 것이 아닌가, 하는 생각을 해본다. 자신이 스스로를 지키지 못하면 아무도 자기 자신의 일처럼 도와주지를 않는다. 성실하고 열심히 사는 것 이상의 그 무언가가 요구되는 것이다.

◆ 경영 실적의 기준 잣대는 회계다

기업회계는 기업의 유지, 발전, 성장을 위하여 기업회계 기준에 따라 회계처리, 보고를 하는 것으로, 기업의 재무상태, 영업성과를 파악하고 기간손익을 확정하는 것을 목적으로 하는 회계이다. 현대에 이르러 기업회계의 중요한 목적은 기업의 재정 상태 및 경영 실적을 적정하게 파악할 수 있는 자료를 작성하는 데 있다. 재정 상태를 나타내는 자료는 대차대조표에 의하여, 경영성적을 나타내는 자료는 손익계산서에 의하여 얻을 수 있다.

기업회계는 적정한 이익의 계산을 하는 것이 직접적인 목적이지만, 그 손익계산은 재정 상태와 더불어 주주, 채권자 기타 기업의 이해관계자에게 유효한 정보를 제공하는 것뿐만 아니라, 기업 자체의 경영관리를 위해서도 유익한 자료를 제공한다. 이러한 자료를 재무제표라 한다.

주식회사에서는 주주총회에 재무제표를 제출하여 주주들에게 그에 대한 승인을 받아야 한다. 이것은 주식회사에서의 경영과 출자의 분리라는 구조 때문에 주주들이 기업의 상황을 파악할 수 있는 방법이 재무제표 외에는 힘들기 때문이다. 즉 주주들은 재무제표를 통하여 자신이 출자한 기업의 경영 상태를 파악하게 되는 것 이다.

그리고, 재무제표는 기업의 이해관계자, 즉 종업원이나 거래선에도 정보를 제공하게 된다. 그중에서도 과세를 담당하고 있는 세무당국에 제출하는 회계서류는 확정된 기업회계를 기초로 세금을 부담하게 되는데 이것은 세무회계로 구분지어 일컫고 있다. 또 주식을 일반에게 공개하는 주식회사에서도 일반 투자가에게 재무제표를 공개하게 되어 있으므로 재무제표의 중요성은 점차로 증대되고 있다고 할 수 있다.

통상적으로 기업회계는 회계보고의 목적·대상에 따라 재무회계와 관리회계로 나누어진다. 기업 내부적으로는 경영관리를 하는 수단으로서 또는 기업관리 정책결정의 자료로서 회계자료를 이용하는데, 이러한 내부관리 목적으로 작성되는 회계를 관리회계라 하며, 외부 보고용으로서의 재무회계와는 구분될 수 있다. 제조원가를 결정하기 위한 원가계산, 실적과 예산의 차이를 분석하는 예산통제 등이 관리회계에 속한다고 할 수 있다.

기업의 경영계획은 활동계획과 회계계획으로 구분된다 할 수 있다. 활동계획이라고 하는 것은 기업의 경영목표를 달성하기 위한 방안을 세우는 것인데 회계계획이 뒷받침이 되어야 올바른 활동계획을 통해서 경영계획이 제대로 세워진다.

활동계획은 회사 전체의 전략과 사업전략 그리고 실행계획으로 구분할 수가 있고, 실행계획은 판매계획과 구성원계획 그리고 설비투자계획 등으로 구분할 수가 있다. 회계계획은 재무제표를 기본으로 단기계획과 중·장기계획을 작성할 수가 있는 것이다.

◆ 거래의 8요소가 뭔지는 알고 있어요?

회계는 경제생활을 하는 사람이라면 반드시 알아야 한다. 그 회계의 가장 기본이 되는 요소가 있는데 그것이 8요소인 것이다. 기업에서 발생되는 거래는 여러 종류가 있지만 이것은 결과적으로 자산의 증가와 자산의 감소, 부채의 증가와 부채의 감소, 자본의 증가와 자본의 감소, 비용의 발생과 수익의 발생의 8가지 요소로 구성되어 있다. 이것을 거래의 8요소라 한다. 거래의 8요소는 대차대조표등식과 손익계산서등식을 기초로 하여 만들어졌다.

기업이 활동을 함에 있어 발생하는 모든 거래를 이 8요소로 정리하는 것을 분개라고 하는 것이다. 분개처리를 할 때. 즉 분개전표를 작성할 때 무엇을 차변에 기록하고 무엇을 대변에 기록해야 하는지 구분하기가 쉽지 않다. 그러나 그 구분하는 규칙성을 알면 그리 어려운 것만은 아니라는 것을 알 수 있다. 원리는 거래의 8요소라는 것에서 찾을 수 있다. 처음 회계를 접할 때는 무조건 다음의 표를 외웠다. 고등학교 때는 선생님들이 무조건 외워라 하고 시작했던 것 같다.

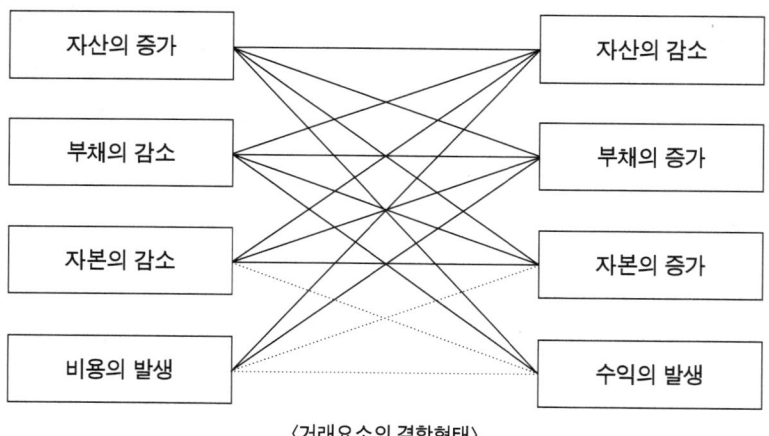

〈거래요소의 결합형태〉

자산의 증가는 차변에 기록하고 자산의 감소는 대변에 기록한다는 의미이다. 그러나 비용의 소멸이나 수익의 소멸은 없다. 거래의 8요소만 정확하게 이해하면 대부분의 거래를 구분해서 분개처리가 가능해진다. 각각의 요소는 서로 결합되어 사용되는데 결합방법은 다음과 같이 설명할 수 있다. 얼핏 보아서는 4×4 = 16가지의 결합관계가 형성되는 것처럼 보이지만 세 가지의 관계에서 점선으로 표시되어 있다. 이 점선은 서로 결합하지 않는다는 것을 의미한다.

자본의 감소와 수익의 발생, 비용의 발생과 자본의 증가, 비용의 발생과 수익의 증가는 함께 발생하지 않는다는 것이다. 그래서 총 13가지의 결합이 가능한 것이다. 차변요소끼리, 대변요소끼리 결합이 발생하지 않는 이유는 거래의 이중성(Duality) 때문이다. 모든 종류의 거래는 원인과 결과로 표현된다. 그렇기 때문에 원인과 원인, 결과와 결과로는 절대 결합하지 않는 것이다.

자본과 결합하지 않는 비용의 발생, 수익의 발생은 기업회계기준에서 자본과 관련된 거래에서 발생한 이득과 손실을 이익잉여금(손익계정)이 아닌 자본잉여금(자본계정)으로 처리하도록 하였기 때문이다. 자본거래가 소유주 자신과의 거래이므로 손익을 인식하는 것이 이론적으로 타당하지 않으며, 자본거래에 의한 이득과 손실을 손익으로 인식하도록 한다면 손익을 조작할 가능성이 있을 수 있기 때문이다. 비용의 발생과 수익의 발생이라는 단순거래 형태의 결합형태가 거의 나타나지 않는 것은 손익에 전혀 영향을 주지 않는 무의미한 거래이기 때문이다.

이렇듯이 기업 활동을 함에 있어 **회계숫자와 연관 지어 이해할 줄 아는 능력이 기업 경영자에게는 반드시 필요한 경영능력**이라고 할 수 있다. 요즘은 경영자들의 생각이 많이 바뀌었지만 예전의 대부분 경영자들은 회계에 대해 문외한이 많았고, 알려고도 하지 않았던 적이 있었다. 그러나 현대의 경영자들은 회계를 모르고서는 기업을 경영하면 안 된다고 하는 것이 필자의 생각이다. 물론 재무팀장 정도의 수준을 말하는 것이 아니다. 재무팀장의 말을 이해는 해야 한다는 것이다. 모르고서야 사업계획을 제대로 이해했다고나 할 수 있겠는가?

회계상의 숫자 분석을 통해 기업의 일시적으로 부족한 자금상황이라든지 현금흐름, 이익계획, 예산을 짜는 행위들, 목표활동을 위한 구체적인 경영활동을 구상해야 하는데도 몰라서 되겠는가 말이다. 흔히 경영을 전쟁에 빗대곤 하는데, 그런데도 이런 중요한 자료를 잘 이해를 못하는 경영자는 전쟁터에 참여하는 장수로서의 자격이 없는 것이나 진배없는 것이다.

이렇듯 거래의 8요소는 기업 활동에서 빼놓을 수 없는 아주 중요한 요소라고 할 수 있고, 이런 것에 이해력을 많이 가지고 있는 직원들을 보유하는 것도 강한 기업의 하나라고 할 수 있다.

거래의 8요소 중 기업이 특별히 관리해야 할 중요한 계정(부기(簿記)의 원장(原帳)에서 같은 종류나 동일 명칭의 자산, 부채, 자본, 수익, 비용, 손실에 대하여 그 증감을 계산·기록하기 위하여 설정한 단위)과 같은 중요 사용 단어가 있듯이 개인에게도 인생을 살아가면서 중요하게 관리해야 할 단어가 있는 것이다. 내 인생에 있어서 중요한 내용을 요약한 핵심적인 Key Word는 무엇인가?

제2장

매출액을
올려라

—

- ◆ 자신을 믿고 긍정의 힘을 발휘하라
- ◆ 한번은 행복해 봐야지
- ◆ 선택은 필수고 집중은 당연하다
- ◆ 성공 경험이 성공으로 인도한다

제2장

매출액(sales)을 올려라
(뚜렷한 목표를 설정하고 작은 성공을 경험하라)

상품이나 제품의 매출 또는 서비스의 제공에 대한 반대급부의 개념인 수입금액으로 반제품, 작업폐물 등을 포함하는 것을 총매출액이라고 하고, 총매출액에서 매출 환입액 및 매출에누리액을 공제한것을 순매출액이라고 말한다. 보통 수익은 실현주의에 의하여 인식한다고 말하는데, 실현주의라고 하는 것은 일반적으로는 수익인식 기준을 설정하고 이 기준이 모두 충족되어야만 수익을 인식하는 것을 말한다.

매출은 실현주의 원칙에 따라 상품을 전달한 날 또는 서비스를 제공한 날에 실현된 것으로 인식하나 건설업이나 조선업 같은 경우에는 완성되지 않은 공사는 공사기간이 길기 때문에 공사가 진행된 정도(공사진행률 또는 공사 진도율)에 따라 예외적으로 실현된 것으로 인식하기도 한다.

주요 영업활동이 아닌 것으로부터 얻는 수익은 영업외수익으로 분류하고 경상적이지 않은 활동으로부터 얻은 수익은 특별이익으로 구분한다. 그리고 매출액이라는 개념은 단순히 물건을 매매하고 수금을 하는 과정을 말하는 게 아니라 **회사의 정관에 기재된 회사의 고유 목적의 업(業)에 의해 수익**으로 이루어진 것을 말하고 그 외 고정자산을 매각해서 얻는 수익은 특별이익으로 분류하여 편성한다. 쉽게 말해서 회사가 원래 하고자 하는 사업의 목적과 관련된 주된 수입원을 매출이라고 한다. 즉 회사에서 자체적으로 만든 제품이나 외부에서 구입한 상품을 판매하거나 용역이나 서비스를 제공하는 경우에 매출이 발생한다.

제품을 판매하여 수익을 올리기 위해서는 원, 부자재의 구입, 제품의 생산 및 판매 그리고 대금의 회수 등과 같은 일련의 과정을 거쳐야 하고, 이런 과정에서 회사의 수익은 제품의 가치가 증대함에 따라 점차적으로 발생한다.

이렇듯 논리적으로 본다면 자기가 속한 기업의 부가가치를 높이면 다른 기업의 부가가치도 같이 덩달아 오르게 될 가능성이 높게 되어 있는 것이다. 물론 최종 소비자의 입장에서는 비싼 가격에 구매를 해야 한다는 문제는 있지만 부가가치를 말씀드리기 위함이다.

다시 말하자면 기업의 주요활동 결과로 발생하는 것이 매출액이라 할 수 있는데 기업의 목적은 이윤을 극대화하는 것이고, 기업의 역할은 고객을 창출하는 것이고, 기업의 사명은 사람의 능력을 계발하는 것이다. 기업을 사회 안에서 본다고 하는 것은 기업이 사회 안에서 수행하는 역할을 바라본다는 개념이 들어 있다.

우리의 삶도 기업의 매출액과 대비할 수 있는 자기 자신의 목표 달성을 위해 힘쓴다면 타인의 삶에도 긍정적인 부가의 영향을 미침으로 인해 인생의 목표를 이룰 수 있음을 말하고 싶다. 인생의 목표가 무엇인지를 아직 찾지 못한 사람은 마음 한구석에 구멍이 뻥 뚫린 것처럼 허전한 마음을 가지고 있을 것이다. 나름 보기에는 인생을 긍정적으로 밝게 살아가고 즐겁게 살아가는 것 같은 사람들도 이야기해보면 의미 있는 삶을 살고 싶은 욕구는 별도로 가지고 있는 것이다.

나 자신이 목표를 설정하여 이루기 위한 가치 있는 삶을 살면 타인의 삶에도 부가가치가 생기게 만들어 주고, 종국(終局)에는 인생 목표도 덩달아 이루어질 것이라는 것이다. 이런 점 때문에 인생의 목표를 가지고 사는 사람들은 힘찬 인생을 살아가고 있지만 아직 그 목표를 찾지 못하고 있는 사람들은 뭔가 불안해 보이는 것이 그 이유이다. 아직 인생의 목표를 찾지 못하고 있는 독자들이 있다면 이 책을 덮을 때쯤에는 분명한 자기 인생의 목표를 찾고 그 목표 달성을 위해 매진하여 작은 성공이라도 거두는 즐거움을 만끽하는 독자들이 되기를 바란다.

◆ 자신을 믿고 긍정의 힘을 발휘하라

베스트셀러가 된 책 중에 『시크릿』이라는 책이 있는데 이 책에서 강조하고 계속 강조하는 것이 긍정의 힘이다. 그중에서도 잭 캔필드는 "당신의 과거는 당신이 아니다."라고 하며 다음과 같이 이야기한다.

자신이 희생자라고 생각하는 사람이 많은데, 이들은 지나간 사건을 가리키면서 '그것 때문에 자기가 이렇게 됐다'고 말하는 일이 흔하다. 이를테면 학대하는 부모 슬하나 문제 가정에서 자랐다는 사실 등을 지적한다. 우리 부모는 알코올 중독자였다. 아버지는 날 학대했다. 어머니는 내가 여섯 살에 아버지와 이혼했다. 그러나 대다수 심리학자는 85퍼센트의 가정에 이런저런 문제가 있다고 말한다. 결국 사람은 자기가 심각하게 생각하는 것보다는 그다지 유별나게 자란 게 아니라는 뜻이다. 그러니까 누구나 자라면서 많은 문제를 경험한다는 말이다.

누구나가 많은 경험을 하는데 유독 자신의 문제만을 크게 불행하다고 생각하는 것이 문제이다. 그것보다 더 진정 중요한 문제는, 지금 뭘 하려고 하는가, 하는 점이다. 지금 자기 인생을 위해 무엇을 선택하는가 하는 점이다. 계속 과거에 집착을 하든 혹은 앞으로 하고 싶고, 원하는 일에 집중하든 그것은 우리의 선택이다. 자신이 원하는 일에 집중하기 시작할 때 원치 않는 일은 저절로 멀어지고 원하는 일이 다가오기 마련이다.

일반적으로 부정적인 생각을 할 때는 대부분 실패에 대한 핑계를 먼저 생각한다고 한다. 다들 경험이 있겠지만 자기가 못 하는 것에는 어떤 이유든지 이유가 있는 것이다. 그러나 성공하는 사람들은 정반대의 생각을 하고 있으며 그것은 '**그럼에도 불구하고**'이다. 어떠한 불리한 환경, 어떠한 열악한 상황에 놓여 있어도 '그럼에도 불구하고'라고 외치고 목적지를 향해 전진하는 것이다.

안 되는 이유를 강조하는 사람들은 왜 그럴까? 그것은 자신의 환경에 변화가 생기는 것을 힘들어하기 때문은 아닐까 생각해 본다. 긍정적으로 생각하며 그것을 이루기 위해, 미래를 위해 꾸준히 노력하는 것보다 '나는 안 될 것이다. 하기 힘든 환경이지 않느냐?' 하며 핑계를 대는 것이 훨씬 간단하고 편리하기 때문이다.

지금의 40~50대가 대부분 그러하겠지만 참으로 어려운 시기로 인해 힘들게 살아온 게 사실이다. 물론 그중에는 나름 부유하게 살아온 친구들도 있겠지만 사회적인 환경이 어려웠던 것이다.

필자는 이제까지 살아오면서 유년 시절에 어렵게 살아온 것이 부모님 탓으로 만 생각해서 부모님을 많이 원망을 했던 적도 있고, 실제로 마음을 아프게 해 드렸던 적도 많이 있었다. 지금에야 이런저런 환경 속에서 살아가고 있는 다양한 사람들을 접하면서, 다들 비슷하게 살아왔구나, 오히려 나의 환경이 조금 더 좋았었구나, 라고 생각하며 그동안의 어리석었던 생각을 후회하고 있다.

비슷한 환경에서 자라온 필자와 친구들은 생각하는 것이 비슷하다. 같은 70~80년대를 살아오면서 같은 생각을 하고 비슷한 종류의 음식을 먹고, 같은 공간에서 같이 놀곤 했었다. 그렇지만 현재의 입장에서 보면 사회적으로 인정받는 자리에 있는 친구도 있고 평범한 삶을 살아가는 친구도 있고, 약간은 객관적인 수준에서 뒤처지는 친구도 있다.

그런 친구들을 자세히 보면 사회적으로 인정받는 친구는 아직도 여전히 뭔가를 이루기 위해 노력하고 있는데 평범한 삶을 사는 친구들은 대체로 현재의 삶을 만족까지는 아니더라도 대체로 순응하며 살아가는 것 같다. 뒤처져 보이는 친구는 오히려 자신의 삶에 만족하는 것 같아 보여 아이러니하다고까지 생각을 하고 있다.

물론 살아간다는 것이, 어떤 삶이 올바르고 행복한 삶인지에 대한 기준이 없어 좋고 나쁨에 대해 순위를 매길 수는 없지만 적어도 필자의 눈에는 노력하는 친구가 좋아 보이고 그 노력이 애절할 정도로 부러울 때도 있다. 언제까지 환경 탓만 할 것인가? 언제까지 남의 탓만 할 것인가? 그럼에도 불구하고 이겨낸 사람들 앞에서는 무엇이라고 할 수 있는가?

항상 "뭔가 좀 해야 하는데", "이대로 있어서는 안 되는데"라고 말하는 친구들을 많이 봐 왔지만 술 한잔 마시고 나면 일상으로 돌아가곤 하는 것을 보고 참 답답하다고 생각한 적이 한두 번이 아니다. 말 그대로 뭔가는 해야 할 텐데, 어차피 우리가 무한정 살 수는 없는데, 하며 미래를 위해 뭔가는 해야 한다고 하지만 결국은 어떤 변명을 대거나 자기 합리화를 하며 그 자리에 그냥 주저앉아 버리는 것이다.

우리 가족의 기쁨과 행복, 사랑을 책임질 유일한 사람은 당신, 바로 당신이다! 아직도 망설일 것인가? 아직도 핑계만 대고 있을 것인가? 도대체 언제까지 아무것도 바뀌지 않는 현실에 앉아 남들이 달려가고 있는 저 길을 그냥 바라만 보고 있을 것인가?

위험에 처한 병에 걸렸다가 완치된 사람들이 TV에서 간혹 나와 하는 말을 들어보면 대체로 부정적인 생각을 없애기만 해도 몸은 자연스레 치유되는 것을 느꼈다는 것이다. 의학적으로는 설명이 되지 않는 일들이 간혹 일어나는데 그 중심에는 긍정적인 생각을 하고 있다는 것을 익히 들어서 알고 있을 것이다.

긍정적인 생각, 그것은 자신의 부가가치뿐만 아니라 타인의 부가가치에도 긍정적인 영향을 미친다. 목표가 있는 삶을 살고, 어떤 것인지는 모르겠지만 각자 자신의 인생 목적 달성에 성공하려면 어떤 준비가 필요한지도 많이 생각해야 하겠지만 먼저 긍정적인 생각으로 무장하고 노력해야 한다.

◆ 한번은 행복해 봐야지!

"시작이 반이다"라는 말을 어릴 때부터 수도 없이 들었을 것이다. "시작이 반이다"라고 하는데 왜 시작하지 않을까? 그만큼 힘들다는 반증은 아닐까? 살아오면서 크건 작건 간에 여러 좌절을 경험한 터라 뭔가를 새로 시작하는 데에는 실패를 생각하기 때문일 것이다.

필자는 운동을 싫어하지는 않는 편인데 그중에서 등산은 좀 싫어하는 편이다. 직장 생활 초년에 회사 동아리에 가입해서 매월 한 번 전국의 유명한 산을 많이 다녔었다. 그 동아리 내에는 학창 시절부터 산을 전문적으로 다닌 전문 산악인도 더러 있었기에 그 형들 쫓아다니느라 꽤나 힘들었던 기억이 있다. 처음에는 아주 많이 힘들었지만 한 3년 동안 한 번도 빠짐없이 쫓아다닌 결과로 동아리 내의 다른 동료들과 거의 동등한 수준으로 산행을 할 수 있었다.

물론 그 후에 필자가 산악회장이 되고 나서 그 당시 회사의 업종이 사양산업이어서 인력이 감소한 탓인지, 필자의 산악회 홍보 부족이었던 탓인지 산악회 자체가 해체되었던 아픈 기억이 있어 지금은 등산을 좋아하지는 않는다.

지금도 해마다 봄, 가을이 되면 직장에서든 어느 단체든 야유회를 하면 등산을 떠올리지 않는 단체는 없을 것이다. 그럴 때마다 그 당시의 추억을 떠올리곤 한다. 아픈 추억과 같이…… 우연한 기회에 가입을 했지만 만족할 만한 성과를 냈었다고 생각하고 지금은 추억이 될 만큼의 좌절을 맛본 시절이었던 것이다.

세상의 어떤 변화도 작은 결심, 작은 생각, 우연한 기회에서 시작한다고 한다. 지금 처한 상황은 우리가 원하든 원하지 않든 결국은 우리의 선택을 강요할 것이고, 물론 이제는 많은 시간이 흘러 신체적인 조건도 따라 주지 않지만 이런 아픈 경험이 다시 시작하는 데 주저함을 만드는 것에 일조를 한다고 생각하고 있다.

인생의 황금기를 보내는 젊은이는 남들보다 뛰어나기 위해, 남보다 돋보이기 위해 노력하지 않으면 안 된다. 따라서 늘 민첩하게 행동하고 무엇을 하든 끈기가 있어야 한다고 로마시대의 유명한 정치가였던 줄리어스 시저(Caesar)는 말했다.

아직 젊음이 다 가지 않은 우리에게서 노력을 빼면 아무것도 남지 않아야 한다. 마지막 젊음을 놓치기 전에 새로운 것에 도전하고 장벽을 넘기 위해 노력을 해야 한다. 도전할 마음만 가지고 있다면 도와주는 사람들은 얼마든지 있다고 생각해도 좋다. 처음부터 잘하는 사람은 없다는 것을 우리는 알고 있지 않은가?

필자가 직장 생활을 하면서 학업을 병행할 때도 쉬운 일은 아니었다. "직장 생활 자체도 힘든데 학교생활을 병행하다니!" 하며 주변의 지인들 대부분 불가능할 것이라고 말을 했었다. 그러나 우리 가족만큼은 "당신이라면 가능할 것이다."라며 용기를 북돋아 주었다. 그 말에 용기를 내어 시도를 했었고, 결국은 목적한 바를 이루었다.

항상 시도해 보지 않은 새로운 일을 경험한다는 것은 할 수 있다는 생각과 불가능할 것이라는 생각으로 인해 스스로도 반신반의(半信半疑)하는 부분이 공존할 것이다.

하고자 하면 자연스레 도움 줄 이도 생긴다고 말하고 싶다. 안 그러면 그 어려운 과정을 어떻게 지나올 수 있었겠는가? 필자의 학위논문에는 우리 가족의 수고가 고스란히 담겨 있다고 해도 과언이 아닐 것이다. 그 과정을 거쳐 온 지금에서는 한번씩 '내가 무슨 생각으로 그것을 하려고 했을까?'라고 자문을 해 보기도 한다.

준비가 전혀 안 되어 있었던 것이다. 그냥 해보고 싶다는 막연한 생각이 전부였다 해도 틀린 말이 아니다. 해보고 싶다는 생각에 일을 저질렀고, 일을 저질러야 거둬들일 것이 있다는 생각만 했었던 것 같다. 그래서 주변 사람들의 도움이 더 많이 필요했는지도 모르겠다.

하고자 하는 의욕과 필요성을 느끼지 않는다면 좌절한 경험조차도 얻을 수 없을 것이다. 좌절이 겁이 나서 시작하지 않는다는 것은 젊음을 포기한 삶이나 다를 것이 없다고 봐야 하지 않을까 한다.

최근 고등학교 때 친구들 모임에서 "좀 더 젊을 때 뭔가를 했어야 했는데"라는 말들을 자주 듣곤 한다. 그런데 아직도 우린 젊다고 말하고 싶다. 친구들아! 그냥 흘러간 시간을 아쉬워하는 소리라는 것을 모르는 바는 아니지만 그 친구들도 그 당시에는 여러 가지 형태로 열심히 살아온 것을 나는 이 두 눈으로 보아 왔던 터라 좀 더 열심히 했더라면, 하는 아쉬움의 소리로 들린다.

누구나 마찬가지가 아닐까 한다. 경험하지 못한 세상에 대한 아쉬움, 그런 이유로 젊은 때 후회하지 않을 정도의 경험과 수고, 노력을 하자고 강조하고 싶다. 그렇게 해도 아쉬움을 느낄 때는 분명히 있을 것으로 알고 있기에 더욱 그렇다.

어찌 되었든 간에 누군가는 하고 있고 다들 그렇게 살고 있는데 '할 수 없다'고 말하는 것은 어리석고 부끄러운 일이지 않는가? 인간이 인간으로서 행복한 때는 본인이 가지고 있는 에너지를 특정 목적을 향해 집중하여 질주하듯이 쏟아 부을 때가 아닌가 한다.

◆ **선택은 필수고 집중은 당연하다**

내 인생에 있어서 가장 소중한 일은 무엇일까? 살아가면서 삶의 목적이나 이유 등 목표의식에 있어서도 수많은 갈림길 속에서 살아가다 보니 오직 하루하루만 보고 살아가는 경우가 더러 있는 것 같다.

필자는 간혹 아내로부터 핀잔을 듣는 경우가 있다. 작고하신 장인의 기일을 잊어버린다든지, 아내에게는 소중한 일들을 필자에게 숱하게 이야기했음에도 잘 기억을 못 하고 있다든지 해서 관계가 소원해지는 경우가 왕왕 있다.

필자에게만 그런 일이 발생하는 것일까? 이유가 무엇일까? 결론적으로는 아내의 말에 집중하지 않는 것으로밖에 설명이 되지 않는다. 아내의 말에 집중하지 않고 필자에게 소중하다고 생각하는 부분만을 머리에 두고 살아가는 탓이고, 아내의 말들은 대부분 사소한 것이라 치부해 버리는 데 이유가 있었던 것은 아니었나 생각한다. 그런 일이 있을 때마다 항상 부부싸움으로 연결되었고, 일정 시간이 지난 후에는 사과를 하고 있는 자신을 발견하게 된다. 한때 아내의 휴대전화에 나의 이름은 '이기주의자'였다.

성공한 사람과 실패한 사람의 차이는 무엇일까?

어릴 적부터 많이 들어온 얘기 중에 '한 우물을 파라'는 말이 있다. 팔방미인은 굶기 딱 좋다는 이야기를 어려서 귀에 딱지가 앉을 정도로 많이 들어왔다. 전공 한 분야를 살려서 매진하라는 이야기인 것 같았고, 당시의 시대 상황으로선 기술을 배우라는 뜻이 많이 들어 있다고 봐야 할 것이다. 직업의 종류가 그리 많지 않았던 시기였으니…….

어린아이들 중에 자세히 보면 축구를 잘하는 아이는 야구, 피구, 탁구 등 다방면으로 잘하는 것을 볼 수 있다. 스포츠를 취미로 할 것인지, 하나의 종목을 선택해서 전문성을 가지고 계속 노력해서 먹고살 수 있을 정도로 할 것인지는 신중하게 생각을 해야 한다.

요즘은 직장에서도 마찬가지인 것 같다. 특히 신입 사원들의 경우 부서 간 이동을 많이 할 경우에 우려할 만한 것이 있다. 항상 회사와 개인의 발전은 같이 되어야 한다고 주장을 해왔던 터라 부서 간 이동 시에도 직원들의 미래를 생각해서 고려를 해 주어야 한다는 생각을 하고 있기에, 회사에서 일방적인 잦은 이동을 하는 경우는 결과적으로 도움이 안 된다는 뜻을 피력하기도 했다.

신입 사원이 입사 후에 지원했든, 지원하지 않았든 배치된 부서에서 적어도 5년 이상은 근무를 해야 앞으로 먹고살 수 있는 기본적인 기술을 가졌다고 할 수 있고, 타 부서로 전배를 가도 실질적인 도움을 줄 수 있을 것이란 생각 때문이었다.

그뿐 만인가? 근무 중에도 흔히 경험하는 일이 있는데 여러 가지 일이 한꺼번에 발생하는 경우 마감 시한은 다가와서 마음만 급해서 일이 제대로 안 될 경우가 많다. 심리적으로 불안정해서 한 번에 여러 가지 이상의 일을 하고자 조금씩 해 나가보지만 생각만큼 진도가 나가지 않은 경험이 종종 있다. 이럴 경우 마음의 여유를 가지고 한 가지 일부터 천천히 해결해 나가다 보면 자연스레 잘 풀렸던 경험이 있을 것이다.

한 가지 일에 집중을 해서 일을 하다 보면 시간을 적절히 이용하면서 하루 동안 여러 가지 일을 할 수가 있지만 한 번에 두 가지 이상의 일을 하고자 한다면 항상 시간이 모자랄 수도 있을 것이다.

한 가지 일을 할 때, 다른 일을 같이 머리에 떠올린다는 것은 처음의 일 측면에서 보면 다른 일은 잡념을 머리에 떠올리는 것과 같다. 집중하지 않고 일을 하는 것과 같아서 일의 진도가 느린 것이다. 그때그때의 한 가지 대상물에 집중하지 못하고 이것저것 생각하는 사람의 경우에는 어떤 것도 빠른 시간 내에 제대로 할 수가 없다고 본다.

최근에 필자가 속해 있는 회사에 문제가 있어 금융감독원 조사, 검찰 조사를 약 1년 이상 정도 진행하고 있다. 직·간접으로 연관이 있는 필자의 입장에서는 앞이 보이지 않는 1년을 지냈고 이제 거의 막바지에 이른 느낌이 든다.

1년여를 이런 입장에서 생활을 하다 보니 평상시의 가정생활은 외관상으로는 유지를 하는 것처럼 보여도 내 머릿속에는 온통 복잡한 회사 일로 가득 차 있었던 것이다. 가족들과 외식을 하거나 집 주변을 산책 나가도 항상 내 머릿속에는 내가 해야 할 일들과 앞으로 발생할 것을 예상하는 것이 전부였다.

가족과 산책을 하는 그 순간에서 보면 회사의 일은 잡념에 불과하다는 것을 이제야 알 수 있었다. 걱정 때문에 머리에 계속 반복해서 되뇌는 생각들, 차라리 놓아버리고 가족과 같이 있는 지금 이 시간에 신경을 썼더라면 어땠을까? 그 시간에 아이들의 미래, 우리 가정의 미래, 가정의 행복을 위해 주어진 시간에 좀 더 치중을 하는 게 나은 일이었을 것이다. 결과적으로 고민을 하고 걱정을 했던 일들은 잡념에 불과했던 일이었기 때문이다. 많은 고민을 해서라도 해결이 되는 일들은 당연히 고민을 해야겠지만 고민한다고 해결될 일이 아니었기 때문이다.

선택권은 바로 우리 자신에게 있다. 선택은 본인의 의사에 달려 있기에 근본적으로는 자유롭다고 할 수 있을 것이다. 그런데 많은 경험이 있지 않고서는 처음부터 항상 최선의 선택을 하는 것은 불가능할지도 모른다. 선택을 해야 하는 순간순간 선택을 해나가는 과정을 반복하면서 선택을 하는 우리의 실력은 점차로 향상되어 갈 것이다. 결국은 기업경영이 의사결정인 것처럼 자기 인생의 경영 또한 선택이라고 할 수 있으며, 어떤 것에 우선순위를 두고 선택하고 집중하느냐에 따라 성공과 실패가 갈린다고 본다. 따라서 우리는 선택과 집중의 과정을 반복하면서 인생을 더 적극적으로, 더 자유롭게 살아갈 수 있을 것이다.

◆ 성공 경험이 성공으로 이끈다

우리가 살다 보면 여러 가지 일들을 경험하게 된다. 세상을 다 가질 듯한 기쁨, 하늘을 날 듯한 기분, 온몸으로 느끼는 전율, 유난히 상큼한 바람, 일시적인 실망과 가슴 아픈 일들 등으로 세상은 가득 차 있어서 행복과 슬픔, 어느 것들이 많으냐에 따라 자기의 이미지가 만들어진다고 생각한다.

인생의 제2막을 열어줄 『삶의 열정을 재발견하라』라는 책에서 가장 마음에 드는 내용이 있어 그중의 한 내용을 소개하자면 "인생의 대부분은 노 젓기다"라는 말이다.

70대인 할아버지와 고등학생인 손자의 일화를 말하고 있는데, 바다를 좋아하는 할아버지가 눈부시게 아름답고 장엄한 일몰을 볼 수 있을 것이라며 바다로 나가자고 하니, 손자는 기온이 35도가 넘어서 너무 더우니 다음에 가자고 하였다.

"아니 **다음번이란 젊은이들에게나 해당되는 거지. 지금 당장 가자꾸나.**"

찬란한 일몰을 볼 수 있을 것이라는 할아버지의 확신을 믿고 한시간이 넘게 쉬지 않고 계속 노를 저어 나갔다. 70대 노인과 고등학생이었으니 노 젓기는 당연히 학생의 몫이었고, 할아버지는 목적지를 향해 가는 동안 계속 더 빨리 노를 저으라고, 안 그러면 우리가보기로 한 그 일몰을 놓칠 것이라고 계속 채근을 하였다.

"빨리 더 빨리!"

한 시간이 넘는 노 젓기를 한 다음에 목적지에 도착했을 때 하늘이 갑자기 오렌지색과 자줏빛으로 변하면서 불타오르기 시작했다. 할아버지가 말한 것과 같은 장면이었던 것이다.

저자는 숨이 막히도록 아름답고 장엄했다고 표현하고 있다. 그러나 채 20분도 지나기 전에 할아버지가 돌아가자고 하였다. 오랜 동안 힘들게 열심히 노를 저어가서 짧은 시간 황홀한 일몰을 구경하고 돌아오려니 그동안 노 젓는다고 수고한 시간이 아까워 돌아오는길에 저자는 많은 투정을 하였다.

그때 할아버지는 이제 인생을 시작하려는 청소년기의 손자에게이런 말을 한다.

"나는 오늘 네게 뭔가를 말해주고 싶구나. 지금 내가 들려주는 말을 꼭 명심해 주었으면 한다. **인생이란 노 젓기와 같단다.** 그러니 만일

네가 노를 잘 젓는 법과 그걸 즐기는 법을 배우지 않는다면, 너는 앞으로 아주 불행한 사람이 될 거야. 자 이제 노를 저어 나를 집으로 데려 가다오."

저자는 인생의 대부분은 노 젓기라고 표현하였다. 아주 사소한 일들로 이루어진 인생, 즉 황홀한 일몰을 보는 것이 인생 목표라고 한다면 그 목표를 이루는 과정에서 발생하는 일들은 아주 사소한 일들로 가득 차 있을 것이다. 장엄한 일몰로 건너가려고 애쓰면서 평생을 보냄으로써 그 사이에 존재하는 삶의 수많은 중요한 부분들을 놓칠 수 있음을 경고했다고도 할 수 있겠다.

삶은 우리의 미래가 아니라 현재에 있다는 사실을 깨닫는 것에서부터 출발을 해야 할 것이다. 그리고 우리는 인생의 대부분을 미래에 맞춰 놓고 살아가고 있다.

갓 입사한 신입사원이 노후 준비, 은퇴설계를 위한 저축을 하는 것을 보면 안타까운 마음이 든다. 필자도 젊은 시절을 떠올려보면 넉넉지 않은 집안이라 돈 걱정을 늘 달고 살았다는 생각을 해본다. 처음 직장 생활을 할 때, 결혼자금을 내 손으로 마련하고자 하는 목표를 설정하고, 꼭 필요한 일 외에는 일절 돈을 쓰지 않았다고 할 수 있는데, 그러한 목적이 있었기에 친구들도 거의 만나지 않았고, 오로지 저금만 신경 썼던 것 같다.

결국 그렇게 고생하며 마련한 자금으로 전세방을 마련하고 결혼식을 올리는 등 신혼생활을 시작했다. 그러나 지금에 와서 생각해

가치혁신을 위한 자기경영비법

보면 한때는 그렇게 노력한 나 자신이 뿌듯하게 느껴진 적도 있었지만 오히려 뭔가에, 나 자신에 투자를 해야 하는 시기에 투자를 하지 않은 후회감이 느껴지기도 한다. '거기에' 도착했을 때 뭔가 굉장한 것이 우리를 기다리고 있을 것이라고 믿으면서 살아가는 것은 아닌가 생각해 본다. 결국 노 젓기를 할 때 어떤 노 젓기를 해야 하는가가 중요하다고 말하고 있다.

인생의 순간순간을 즐기고 있는가? 아니면 찬란한 미래의 일몰을 기다리면서 주변의 풍경은 보지 않고, 느끼지도 못한 채 목적지만을 향해 달려갈 것인가? 이런 것도 긴 인생을 두고 목적하는 것과 짧은 인생의 목표를 두고 노력하는 것은 분명 그 방법을 달리 해야 할 것이다. 소기의 목적 달성을 위해서라면 당연히 그 목적을 위해, 그 목적만을 바라보고 달려가야 할 것이다.

앞의 내용에서 할아버지는 손자에게 "아니 다음번이란 젊은이들에게나 해당되는 거지. 지금 당장 가자꾸나."라고 말한다. 그렇다. 지금이다. 다음번이라는 것은 나이가 들수록 기회가 없다는 말과 상통하는 말일 것이다. 기회가 있을 때 시도를 해야 한다. 다음은 결국 없다는 것과 같은 말이라고 할 것이다.

필자의 아내는 재활센터에 동료들과 자원봉사를 하러 다닌다. 마음으로는 아내를 따라가고 싶지만 엄두가 나지 않아 집에서 봉사하기로 마음먹었다.

우리는 사회로부터 너무나 많은 것을 제공받으며 살고 있지만, 그럼에도 불구하고 혜택을 받고 있는 게 없다고 생각하고 있는 것은 아닌지 모르겠다.

필자보다는 혜택을 덜 받고 살아온 아내가 타인을 위해 휴일에도 자원봉사를 하고 있는 것도 아이러니한 일일 것이다. 아내도 자원봉사를 체계적으로 다닌 적은 없었지만 작년에 야간대학교 사회복지학과를 다니면서 자원봉사에 조금 눈을 뜬 것 같다.

작은 경험이, 작은 성공경험이 성공으로 이끈다고 하지 않은가? 사회의 음지를 볼 수 있어야 양지도 보이는 법이다. 세상은 아내와 같이 이름 없이 봉사하는 사람들이 하나하나 모여 만들어가는 것이 아닌가 생각한다.

"성공 경험이 성공으로 이끈다."

낯설고, 처음 시도하는 것에는 누구나 두려움이 있을 것이다. 적지 않은 나이에 새로운 일에 도전하는 필자의 아내를 마음속으로 마음껏 응원한다.

사소한 것을 성공한 경험은 다른 것을 시도함에 있어 주저함이 없도록 해 준다고 할 수 있기에 작은 목표를 설정해서 매일 매일 성공을 위한 노 젓기, 행복한 하루하루를 살아가는 노 젓기를 하며 행복한 삶을 영위해야 한다.

제3장

매출원가는
최소한으로 가야 한다

• 농사꾼은 좋은 밭을 그냥 버려두지 않는다
• 씨를 뿌려야 얻을 게 있다
• 클래식도 좋지만 실용음악이 더 좋다
• 죽을 만큼 노력하면 죽을 만큼 웃을 수 있다

제3장

매출원가(cost of sales)는
최소한으로 가야 한다

(동기를 부여하고 스스로 채찍질하라)

매출원가는 제조비용의 대부분을 차지하며 매출액에 대응하는 상품 및 제품 등의 매입원가 또는 제조원가를 말하며, 매입 또는 제조에 직접 소요된 제 비용을 포함한다. 매출원가는 당기 매출액에 대응하여 파악되어야 하기 때문에 수익, 비용 대응의 원칙은 매출원가의 인식 및 측정에 있어서 가장 중요한 개념이다.

수익, 비용 대응의 원칙이라고 하는 것은 일정 기간 동안 발생주의에 의해 인식한 수익과 그 수익을 획득하기 위해 발생한 비용을 결정하여 이를 서로 대응시킴으로써 당기순이익을 산출하게 된다. 즉 수익창출을 위해 발생한 비용은 그 수익이 보고되는 기간에 인식하는 것을 말한다.

그 구성원은 재료비·노무비·경비로 구성하게 되며, 이를 원가의 3요소라고 한다. 그것은 다시 각 제품에 직접적으로 부과할 수 있는

가치혁신을 위한 자기경영비법

직접비와 여러 제품의 생산에 대하여 공통으로 쓰이는 간접비로 구분된다. 직접비에다가 제조에 소요된 간접비를 포함한 것을 제조원가라고 하며, 일반적인 상품은 여기에 관리비용과 판매비용을 더하여 총원가라고 한다.

판매업의 매출원가는 기초에 있는 상품재고액과 당기의 상품매입액의 합계액에서 기말에 남아 있는 상품재고액을 차감하여 계산한다. 상품판매업에 있어서의 매출원가와 마찬가지로 제조업의 매출원가는 재무제표 공시방법으로 요약식을 선택한 경우를 제외하고는 반드시 기초제품재고액과 당기제품제조원가와의 합계액에서 기말제품재고액을 차감하는 형식으로 기재하여야 한다.

제조업에 있어서는 당기의 제품제조원가의 내용을 기재한 제조원가명세서를 재무제표의 부속명세서로 작성하여야 하며 매출액의 가치, 즉 이익을 증대시키기 위해서는 대응하는 비용인 매출원가를 최소한으로 가져가는 게 중요하고, 일정한 품질의 제품을 최소의 비용으로 생산하기 위해 제조활동에서 종업원에게 동기를 부여하고 지도, 감독을 해야 한다.

『야마다 사장, 샐러리맨의 천국의 만나다』라는 책에서는 경영에서 가장 중요한 기본 요소를 사원들의 '의욕'을 손꼽았다. 사장 혼자서 무슨 일이든지 할 수 있다면 그처럼 편한 일도 없겠지만 회사라고 하는 것은 사람들이 모인 하나의 집단인 이상, 사원들의 의욕이 경영의 기초가 되는 것은 당연하다는 것이다. 사원들 각 개인이 자신의 일에 의욕을 갖고 임해야 기업으로서 차별화가 시작되기 때문이다. 사원의 의욕과 회사의 차별화, 이 두 가지가 결합되어야 비로소 회사는 자기 구실을 하면서 크게 성장할 수 있다고 야마다 사장은 말한다.

결국 기업경영자나 중간 관리자는 하위 직원의 일 처리를 두고 자신의 방식으로 고집해서는 그들의 의욕을 끌어낼 수 없는 것이다. 그러나 대부분의 회사에서는 그 반대인 경우가 많다. 사장의 말 한마디에 움직이는 경우가 많고 중간관리자의 고집으로 일을 진행하는 경우가 대부분이다. 때로는 하위 직원이 잘못된 부분도 그대로 눈감고 포용해줄 수 있어야 하고, 조금 늦어도 기다려 줄 수 있어야 진정한 의욕을 불러낼 수 있다.

동기부여, 동기유발이 가능한 것은 직장 생활에서는 직무를 함에 있어 성취감, 직무를 수행함에 따른 선임들의 인정, 직무를 통한 자기성장 또는 발전 등이 있다고 할 수 있으며, 이는 보다 나은 직무수행과 노력을 위한 동기부여의 요인으로 작용하여 직무 만족감에 적극적인 영향을 가져와 개인의 생산능력뿐만 아니라 조직의 생산능력을 증대시킨다.

◆ 농사꾼은 좋은 밭을 그냥 버려두지 않는다

영화배우 브래드 피트는 미주리 대학에서 저널리즘을 전공하다가 배우가 되기 위해 학교를 그만두고 할리우드로 건너가 드라마 코치 로이 런던 밑에서 연기를 공부했다고 한다. 「델마와 루이스(1991)」에서 매력적인 유혹남이자 도둑으로, 작지만 기억에 남는 연기를 선보이면서 관객의 주목을 끌기 시작했고, 영화계의 남성 섹스심벌로 자리 잡았다.

그는 리들리 스콧의 도망자 영화로 유명해지기 전에는 텔레비전에서 활동했는데, 그 후로는 주류 영화들과 더 모험적인 작품들에서 주연을 맡아왔다. 「흐르는 강물처럼(1992)」과 「뱀파이어와의 인터뷰」, 「가을의 전설」, 「세븐」 같은 유명한 영화들과, 그를 아카데미 남우주연상 후보에 올려준 「12 몽키즈」 등을 만들어 왔고, 그 영화들은 모두 그의 연기의 폭과 변치 않는 인기를 증명해주었다. 사실상 그가 출연한 영화들의 운명이 어찌 됐든 피트는 여전히 할리우드의 가장 인기 있는 스타 중 한 사람이며, 그는 그 명성을 이용해 별로 상업적이지 않은 「바벨」 같은 영화가 제작되도록 하는 데 영향력을 발휘하기도 한다.

이런 피트도 영화를 하기 위해 로스앤젤레스에 도착해서 안 해본 일이 없을 정도로 다양한 직업을 경험했다고 한다. 샌드위치맨이 되기도 하고, 개인운전을 하기도 하고, 패스트푸드점에서 일하기도 했다고 한다. 오로지 영화가 하고 싶어 연기 학원비를 벌기 위함이었다고 하니 목표를 향한 집념이 얼마나 대단했는지 알 수 있다.

성공은 스스로 만들어가는 것이다. 인간의 내면은 삶의 모든 면에서 그 영향력을 뚜렷이 느낄 수 있는 강력한 힘을 가지고 있다. 목표를 정했으면 목표를 이루기 위해 어떠한 직업도 마다하지 않고 목표를 달성하겠다는 일념 하나로 오랜 기간을 기다린 인내가 오늘의 피트를 만들었다고 보아야 할 것이다. 그리고 긴긴 시간 꾸준한 노력을 하면서 기다린 인내가 대작을 만드는 연기의 기초가 되었을 것이다.

노력은 집중하여 노력할수록 더 많은 에너지를 집중시키는 힘이 있다. 어릴 적 많이 가지고 놀았던 것 중의 하나인 돋보기를 보면 알 수 있다. 무더운 여름, 거름종이나 신문지 위에 대고 이리저리 움직여가며 놀았던 돋보기. 알다시피 돋보기를 이리저리 움직이면, 한 곳으로 집중이 되지 않는다. 그러나 돋보기를 적당한 높이에서 초점을 맞추면 즉 한곳으로 집중하면 종이에 쉽게 연기가 나면서 종이가 타 들어가는 것을 보았을 것이다.

흔히 하는 말 중에서 "다른 사람과 똑같으면 성공할 수 없다"라는 말이 있다. 남다른 노력을 강조한 말이다. 성공한 사람은 하고자 하는, 이루고자 하는 목표가 있기에 남들이 쉬는 날이나 남들이 자고 있는 동안에도 열심히 노력하는 것이다. 이런 노력 없이 성공한다면 그 성공이라는 의미가 많이 퇴색되어질 가능성이 많다.

주위를 보면 무슨 일이든지 열심히 하려 하고, 자기를 위한 계발을 게을리 하지 않는 사람들이 있다. 남들 잠든 새벽에 일어나서 어학을 배우기 위해 학원을 다니고, 밤에는 학교로 발걸음을 옮기는 직원들도 많이 있다. 이런 사람들은 목표가 뚜렷하다. 그리고 자신이 가야 할 길에 대한 방향을 뚜렷이 각인하고 있는 것이다.

이처럼 언제까지 무엇을 하겠다는 목표를 설정하는 것이 중요하다. 목표가 있으면 목표를 위하여 집중하고 노력을 할 수 있는 것이다. 목표가 있는 삶은 그 목표를 위해 집중하다 보면 다른 괴롭거나 힘든 일은 대부분 이겨낼 수 있는 것이다.

그래서 필자도 직장의 후배 직원들에게 강조하는 것 중 하나가 시간을 내서 무조건 무엇이라도 배워야 한다고 하고 있다. 가급적 해마다 목표를 세워 달성하기 위해 노력할 것을 주문하였다. 그것이 직장 선배로서의 의무가 아닌가 생각한다.

적어도 일 년에 한 번 정도는 본인의 이력서를 꺼내보기를 바란다. 일 년 전의 이력서와 지금의 이력서에 변경할 내용이 더해지기를 바라는 것이다. 간혹 직장 생활을 하다 보면 참으로 안타까운 모습을 보게 된다. 직장 생활을 시작할 때나 일정 기간 근무한 후에도 이력서는 한 줄의 추가도 없다는 것이다.

당연한 이야기겠지만 직장 생활을 열심히 하는 것도 중요하다. 남다른 노력을 하지 않으면 성공할 수 없다고 분명 말하지 않았던가? 나이가 조금 더 들면 분명 후회한다고 그렇게 강조를 해도 내 젊었을 때의 그 모습과 똑같이 들은 척 만 척하는 후배들이 대부분인 것을 보고 어떻게 하면 변화를 시킬 수 있을까 많은 고민을 하곤 한다.

인생을 멀리 보고 하고 싶은 일을 설정해서 준비하지 않으면 인생 자체가 많이 외로울 때가 분명 멀지 않은 시간에 내 앞에 설 것이라는 확신을 가지고 있다. 성공할 수 있고 또 성공할 것이라는 확신을 갖고, 자신감을 가지고 노력할 때 살아가는 것은 분명 한결 쉬워질 것이고, 인생의 막다른 골목에 서서 후회의 눈물을 흘리는 일은 상상하지 않아도 될 것이다.

준비하지 않은 자 분명 후회할 것이다. 현재로서는 도저히 알 수 없는 미래가 분명 우리 앞에 펼쳐질 것이기에 그때를 미리미리 준비하지 않으면 삶이 너무 팍팍한 느낌마저 들 것이다.

시대를 앞서간 개혁군주 정조 이산의 어록을 소개하는 책 내용을 보면 다음과 같은 내용이 있다. 모래나 자갈로 된 땅이라도 가난한 백성들은 농사지어 먹기 위해 갖은 노력을 다 기울이곤 하는데, 하물며 좋은 밭이야 말할 나위가 있겠는가. 매번 그대들이 일 없이 한가하게 노는 것을 보면 애석한 마음을 가눌 길이 없다.

그대들은 나이가 매우 젊고 재주도 그리 노둔하지는 않으니, 조금만 노력을 기울여서 해나간다면 무슨 일인들 하지 못하겠는가. 그대들이 배우지 않는 것은 게으른 농사꾼이 좋은 밭을 버려두는 것과 다를 바 없으니, 수확하기를 바란다 하더라도 되겠는가, 라며 노력하지 않고 얻으려고 하지 말라는 것을 강조한 말씀이 있다. 마음 깊이 되새겨 봐야 할 내용이다.

자, 이제 우리 미래를 위한 노력을 합시다!

◆ 씨를 뿌려야 얻을 게 있다

성공을 종종 농사에 비유하곤 한다. 씨를 뿌리고 가꾸고, 열매를 얻는다는 면에서. 꿈을 실현하고 성공을 하려면 우선 씨앗을 뿌리고 밭을 일구는 등 기초를 확고하게 해야 한다는 것을 의미하고 있는 것이다. 무언가가 필요하다면 먼저 씨부터 뿌려야 한다.

마찬가지로 성공이라는 열매를 얻으려면 훈련과 인내라는 씨앗을 뿌려야 한다고 말했다. 하지만 성공을 위해 뿌린 씨는 언제 수확할 수 있을지는 아무도 알 수는 없다. 심지어 썩어가고 있을 수도 있다. 그러나 이런 위험부담이 있다 하더라도 씨를 뿌리지 않고서는 성공이라는 열매를 결코 얻을 수 없다. 성공한 사람들은 성공을 위해 끊임없이 씨앗을 뿌리고 가꾸었다는 사실을 인정하여야 할 것이다. 씨를 뿌리지 않고는 얻을 게 전혀 없다는 말이다.

예전에 필자가 경영지도사 재무관리 자격 취득을 위해 공부할 때는 교육기관이 서울 외에는 존재하지 않았었다. 직장 근무시간 외에 공부를 위해 투자할 시간이 절대적으로 부족했고, 주말을 이용해서 서울에 올라가서 공부하는 것은 거의 불가능에 가까웠다.

그래서 방법을 생각해냈던 게 같은 목표를 가진 사람들을 불러

모아 강사님을 부산으로 초청하는 방법이었다. 그러나 그마저도 쉬운 일은 아니었다. 교육장소도 마땅치도 않고 생각만큼 인원수급도 잘되지 않았던 것이다. 강사의 입장에서도 몇몇 열정을 가진 사람들 때문에 주말마다 부산으로 오는 것을 마다하기도 힘들고, 즐거운 마음으로 오기도 어려운 입장이었다.

어찌되었든 그나마 시간을 많이 아껴 공부할 수 있었고, 동기생들도 같은 입장에서 같은 마음으로 시험 준비를 하다 보니 서로 많이 챙겨 주었던 것 같다. 지금은 인터넷 환경이나 지방에서 공부할 수 있는 여건도 잘되어 있는 것 같다. 그렇다 하더라도 자격증 공부에 대한 관심이나 취득하기 위한 시도를 함에 있어 여러 어려움이 있었음은 짐작할 수 있을 것이다.

친한 선배 중의 한 사람이 남자가 사십대가 되면 학력에 대해서는 중요하지 않다는 말을 했다. 그 선배는 직장 생활은 남들보다 대처하는 방법을 빠르게 가져가는 편이었으나 학력에 대한 콤플렉스가 있었다. 그런 피해의식을 가지고 있는 그 선배의 뇌리에는 그 말이 강하게 작용을 하고 있었으리라. 그 말을 가끔 들어서인지 사십대에 접어들면서 더 이상 공부를 하지 않아도, 지금까지 배운 것만으로도 충분히 살아갈 수 있을 것으로 판단을 한 적도 있었다.

사십이 넘어 정리된 필자의 꿈은 전문적인 역량을 충분히 갖추고 같은 길을 가는 후배들에 영향력을 주는 사람이 되는 것이다. 그 길에 지금 필자는 씨를 뿌리고 있는 것이다. 지금 집필하고 있는 것도 그 과정으로 가는 씨를 뿌리고 있는 것이다. 모든 초점(focus)을 제 2의 인생에 맞추고, 그 다디단 열매를 위해 오늘도 땀 흘리며 씨를 뿌리고 있는 것이다. 이런 힘든 과정을 겪고 있기에 그 수고의 과정을 농사에 비유하는 것이리라. 필자는 평생 농사를 한 번이라도 지어본 적은 없지만 농부의 마음을 조금은 알 수 있을 것 같다.

성경 내용 중 마태복음 13장 1~9절에 보면 다음과 같은 말씀이 있다.

그날 예수님께서는 집에서 나와 호숫가에 앉으셨다. 그러자 많은 군중이 모여들어, 예수님께서는 배에 올라앉으시고 군중은 물가에 그대로 서 있었다. 예수님께서 그들에게 많은 것을 비유로 말씀해 주셨다.

"자, 씨 뿌리는 사람이 씨를 뿌리러 나갔다. 그가 씨를 뿌리는데 어떤 것들은 길에 떨어져 새들이 와서 먹어버렸다. 어떤 것들은 흙이 많지 않은 돌밭에 떨어졌다. 흙이 깊지 않아 싹은 곧 돋아났지만, 해가 솟아오르자 타고 말았다. 뿌리가 없어서 말라버린 것이다. 또 어떤 것들은 가시덤불 속에 떨어졌는데, 가시덤불이 자라면서 숨을 막아버렸다. 그러나 어떤 것들은 좋은 땅에 떨어져 열매를 맺었는데, 어떤 것은 백 배, 어떤 것은 예순 배, 어떤 것은

서른 배가 되었다. 귀 있는 사람은 들어라."

'씨 뿌리는 사람의 비유'이다. 흙과 씨의 비유이며 흙도 좋은 흙이고 씨도 좋은 씨인데 중요한 것은 어떤 땅에 그 씨가 뿌려지느냐 하

는 것이다.

　첫째, 길가

　둘째, 돌밭

　셋째, 가시덤불

　마지막으로 좋은 땅

　필자는 이 글을 읽고 예수님 말씀의 본뜻은 예수님의 말씀을 듣는 사람들의 마음자세를 강조하는 것으로 이해를 했다. 잘못 이해한 것인지는 모르지만 필자는 이것을 이렇게 이해하고 싶다. 씨가 당연히 좋다는 전제하에 당연히 어떤 땅을 소유하고 있는지는 중요하지만 어떤 형태로든 그 결과를 보고자 한다면 좋은 땅이든, 나쁜 땅이든 뿌려야 거둘 게 있다는 것이다.

◆ 클래식도 좋지만 실용음악이 더 좋다

　직장인으로서 살아남는 생존철칙을 알고 있는가?

　스티븐 비스쿠시의 『직장인 생존철칙 50』이라는 책을 보면 제목에서도 직장인으로서의 처절함이 베어 나오지만, 그 내용 또한 어떠한 과장도 없이 적나라한 일침을 놓는다. 그중 몇 가지를 소개해보면 다음과 같다.

　- **경청하라** : 적극적이고 진심으로 타인의 말을 경청하는 것이란, 일에 몰입하고 있음을 보여주는 최상의 방법이다.

- **멘토를 찾아라** : 가장 이상적인 멘토는 존경할 만한 지성을 갖추고, 솔직한 충고를 아끼지 않는 사람이어야 한다.

- **인맥을 넓혀라** : 일터에 좋은 동지가 있다는 것은 일하는 만족도뿐만 아니라 효율성도 높아져 일자리를 지키는 데 도움이 된다.

- **불평을 멈춰라** : 불평하지 않고 문제를 해결할 수 있는 방법을 찾아라.

- **멀티플레이어가 되어라** : 기본 업무에 있어서 달인의 수준에 도달하자. 그런 다음, 몇 가지 다른 분야의 일도 가능하도록 준비하여 상사가 여러 방면으로 의존할 수 있도록 하라.

- **자발적으로 일하라** : 자발적으로 일하는 것은 일자리를 사수하기 위해 시도하는 다른 모든 일을 하나로 규합하는 접착제와 같은 역할을 한다.

- **자기 계발을 게을리 하지 말라** : 미래의 내 가치를 높이려면 현재 자기 계발에 투자하여 공식적으로 교육 수준을 향상시켜라. 공식적인 교육뿐만 아니라 비공식적인 방식으로도 자기 계발을 영원히 멈추지 마라.

일자리를 지키기 위해서는 이곳저곳 눈치를 봐야 하고, 상사의 눈밖에 나지 않기 위해서는 아부도 곧잘 해야 하며, 그러는 중에도 자신의 능력을 키우는 것에 게을리 하지 말아야 하는 등 직장을 굉장히 삭막한 집단인 양 표현해서 조금은 씁쓸하지만 예전에는 느끼지 못했던 분위기를 40 중반을 넘어선 지금은 정답이라고 할 만큼 정확히 기술해 놓은 것에 놀라움을 금치 못할 지경이다. 또한 직장 동료를 만드는 것도 이윤을 따져서 그 이윤에 근거한 인맥을 만들라고 거침없이 말하는 것에 대해서는 안타까움마저도 느끼게 한다.

무슨 일이든 일을 즐기는 사람을 당할 수는 없다고 한다. 물론 일을 즐기면서 하는 직장인은 개인적으로 정말 본 적이 없는 것 같다. 그럼에도 불구하고 직장은 직원들이 맡은 일을 즐겁고 책임감을 느끼며 일할 수 있도록 기본적인 환경을 확보해 주는 역할에 충실해야 한다고 생각한다.

살아남기 위한 생존철칙이란 말보다는 전체 직원을 뛰어난 역량을 갖춘 인재로 키워내는 직장, 항상 노력하는 직원들이 많은, 노력하는 것을 자랑스러워하고, 다니고 싶은 직장을 만들어내는 것이 무엇보다 중요하지 않을까 생각한다.

샐러던트(Saladent)란 말을 많이 들어 봤을 것이다. 봉급 직장인을 의미하는 '샐러리맨(Salaryman)'과 학생을 의미하는 '스튜던트(Student)'가 합쳐져서 '공부하는 직장인'을 가리킨다. 직장에 다니면서 자신이 종사하고 있는 분야에 대한 전문성을 쌓거나, 새로운 분야를 공부하며 꾸준히 자기 계발을 하는 사람들이 이에 해당한다고 할 수 있다. 여러분은 샐러리맨입니까? 아니면 샐러던트입니까?

자기 계발은 빠르면 빠를수록 유리하다고 볼 수 있다. 어릴 때는 뛰어 놀아야 된다는 말을 자주 들었다. 하지만 뛰어 놀면서 성취감도 있고 미래를 위해 준비한다면 더 많은 것을 얻을 수 있을 것이다.

돌이켜보면 학교 다닐 때는 아무 생각 없이 다니다 시험기간이 되어야 공부한 기억밖에 나지 않는다. 직장인이 되어서는 야근에, 술자리에, 아이들 뒤치다꺼리에 진짜로 시간이 없어서 못 하였다. 이제 조금 나이가 더 들면 쉬고 싶어서 못할 것이다.

자기 계발은 적금과 같다고 할 수 있다. 적금이라고 하는 것은 일정 기간을 정해 놓고 꾸준히 저금을 해야 일정한 수익이 보장되는 것이다. 하루라도 빨리 적금을 가입해서 거래하느냐, 그렇지 않느냐에 따라 만기 시에 수령할 수 있는 금액이 차이가 나게 되어 있다.

자기 계발을 하는 것도 많은 유형이 있다. 그중에서도 가급적이면 실용적인 자기 계발이 되면 더욱 좋을 것이다. 평상시에 '자기 계발' 하면 토익 공부하기, 자격증 취득하기, 전문기술 배우기 등등을 생각할 것인데 이 중에서도 실용적이거나, 최대한 자신의 재능을 살릴수 있는 것, 그리고 가급적이면 자신의 직무와 연관되어 있는 것이 좋을 거라고 생각한다.

자신에게 부족한 부분을 메우고 정말 필요한 학문 탐구를 통해 구체적으로 미래에 대한 계획을 세워야 한다. 학위라도 따자, 따두면 뭐라도 되겠지, 하는 생각들이 많이 있을 것이다. 하기야 그런 생각을 하는 것만도 힘들겠지만 직장인들 대부분이 매년 똑같이 반복되는 자기 계발에 많이 힘들어하고 있을 것이다.

자기 계발은 작은 것이라도 성취를 하는 것이 좋다. 그래야 더욱 자신감도 생기고 의욕도 생긴다. 그러나 무조건적이고 무질서한 자기 계발은 가급적 삼가야 한다. 왜냐하면 목적 없이 매년 같은 일을 반복하는 것과 같은 이치이기 때문이다. 필자도 해마다 새해가 되면 다짐하는 것이 영어공부인데, 금연을 다짐하는 것과 같은 것 같다. 진지하게 다짐하다 금세 그 기세가 꺾여서 그만둘 때가 많았던 것 같다. 그러면서도 또 다른 새해가 오면 새로 시작하는 마음으로 등록을 했던 기억이 있다.

구체적인 목표가 없는 무조건적인 자기 계발은 그만 스톱하는 것이 옳을 것이다. 왜냐하면 반복적인 절망감만 느끼고 매년 무력해질 뿐이다.

◆ 죽을 만큼 노력하면 죽을 만큼 웃을 수 있다

살아가면서 쓰러져 죽을 것 같은 노력을 해본 적이 있을까? 뼈를 깎는 고통, 각고의 노력이라는 게 있기는 한 걸까? 말로는 쉽게 하면서 조금의 노력을 하는 정도로 끝을 내면서 각고의 노력 끝에 이루었다는 말을 하는 것을 종종 듣곤 한다.

불경에 "백척간두 진일보(百尺竿頭進一步)"라는 구절이 있다. 100척이나 되는 대나무 끝에 서서 앞으로 한 발을 내딛어야 비로소 새로운 세계가 보인다는 뜻이다. 그냥 가만히 서 있기도 힘든 대나무 끝에서 한 발을 내딛으라고 하는 이야기는 죽으라는 이야기와 진배

없을 것이다. 죽음과 삶이 걸려 있는 백척간두에서 일보를 내딛는 심정이야 누군들 모르겠는가마는 그만큼 일반인이 하지 못하는 길을 가야지만 깨달음을 얻을 수 있다는 뜻이다.

직장 생활도 마찬가지다. 하루 중의 일과를 생각해보면 매일매일이 같은 날의 연속이지는 않은지 돌아봐야 할 것이다. 사실 한 번 사는 인생인데, 그런 인생길에서 뭔가를 위해서는 '쓰러져 죽을 것 같은 노력을 하자'라는 마음으로 살아야 하지 않을까?

인생을 살아가는 데는 크고 작은 목표들이 있을 것이다. 이미 사회생활을 한다고 하면 큰일이나 작은 일에 대해서 목표를 이룬 경험을 가지고 있을 것이다. 어릴 때는 무모하리만치 큰 목표를 가지고 있다가 나이가 들면서 점점 현실에 맞는 목표로 수정을 하는 게 일반적인 경험이다.

그래서 직장에 입사를 하면 대부분의 직원이 승진, 연봉 인상 외에는 딱히 이렇다 할 목표를 가지지 않고 살아가는 것처럼 보인다. 그러나 실상은 다를지도 모른다. 각자가 살아가는 방식이 달라서 작은 것을 가지고도 큰 것인 양 이야기하는 사람들도 있고, 남들은 생각지도 못하는 큰 것을 소유하고 있음에도 드러내기를 꺼리는 사람도 있기 마련이다.

예전에 직원들에게 "월급 받자고 직장을 다닌다는 생각은 하지 마라. 그러면 스스로에게 비참해질 뿐이다."라는 말을 한 게 생각난다. 그나마 주변의 젊은 직원들 중에는 출근 전에 아침 일찍 일어나서 어학학원에 다니거나, 하루 일과를 마치고 나서는 평생교육원에 수강하는 직원도 있고, 본인의 취미 생활을 위해 수강하는 직원이 있다. 요 정도는 되어줘야 노력하고 있네, 라고 말할 수 있지 않을까?

아무것도 하지 않으면 성공할 확률은 당연히 제로(0)이겠지만 무엇이라도 일단 시작하면 성공할 가능성은 제로보다는 분명히 위이다. 다시 말해서 무엇이든지 시도를 해야 얻을 게 있다는 것이다. 무엇을 하든지 간에 개인에게는 생소하고 힘든 일이 될 것이다.

자격증 공부를 하든, 어학공부를 하든 직장을 다니면서 한다는 것 자체가 힘든 일일 것이다. 직장에서의 시달림을 생각해 본다면 만사가 귀찮을 것인데 학업을 병행을 한다는 것, 학업을 하겠다고 마음을 먹었다는 것 자체만으로도 칭송을 받을 만하다고 본다.

직장 생활을 하다보면 야근을 하는 경우가 많을 텐데 선임직원, 동료들의 눈치를 보며, 양해를 구하며 학교에 간다는 것 자체가 쉬운 일이 아니다. 그럼에도 하겠다고 마음먹은 것은 큰 인생길을 보고 있다고 생각한다.

인터넷에서 떠돌아다니는 어느 90세 노인의 수기는 더 이상의 남의 이야기가 아니다.

나는 젊었을 때 인생을 정말 열심히 살았습니다. 회사에서도 어느 누구보다 열심히 일을 하였고, 그 결과 주위로부터 실력을 인정받고 존경도 받았습니다. 그런 덕분에 60세까지 일을 하다가 당당히 은퇴할 수가 있었습니다.

그런 내가 은퇴 30년 후인 90살 생일 때 얼마나 후회의 눈물을 흘리고 있는지 모릅니다. 내 60여 년의 삶은 자랑스럽고 떳떳했지만 이후 30년의 삶은 부끄럽고 후회되고 비통하기까지 했습니다. 나는 퇴직 후 "이제 할 일 다 했다. 남은 인생은 그냥 덤이다."라는 생각으로 특별한 일없이 지내왔습니다.

더 이상 이루어야 할 목표를 상실한 덧없고 희망이 없는 삶. 그런 삶을 무려 30년이나 살아왔습니다. 30년의 세월은 지금 내 나이 90세에서 뒤돌아보니 꼭 1/3이나 되는 기나긴 시간이었습니다.

만일 내가 퇴직할 때 앞으로 30년을 더 살 수 있다고 생각했다면 난 정말 그렇게 살지는 않았을 것입니다. 그때 내 스스로 늙었다고, 뭔가를 시작하기에는 너무 늦었다고 생각한 것이 큰 잘못이었습니다. 나는 지금 90살이지만 정신이 또렷합니다.

앞으로도 10년, 아니 20년을 더 살지도 모르는 일입니다. 이제 나는 그동안 하고 싶었던 어학공부를 시작하려 합니다. 그 이유는 단 한 가지, 10년 후 맞이하게 될 100세 생일날, 90살 때 나는 왜 아무것도 시작하지 않았는지 후회하지 않기 위해서입니다.

오늘도 회사에서 업무 중에 보험회사 직원에게서 보험 가입 종용 전화가 왔다. "고객님, 앞으로 100세 시대를 준비해야 합니다. 고객님의 암보험은 80세까지밖에 보장이 안 됩니다. 고객님의 나이에는

100세를 준비해야 합니다." 100세까지 내가 할 수 있는 일이 무엇이 있을까? 어느 90세 노인의 수기가 더욱 생각나는 하루였다.

제4장

부가되는 가치는 상승한다

—

* 하고 있는 일은 생각보다 가치가 있다
* 주어진 일은 일단은 하고 보자
* 흔들리면 차라리 리듬을 타라
* 시도하는 사람이 전문가다

제4장

부가되는 가치는 상승한다
(긍정적인 에너지는 발산할수록 좋다)

  기업의 연간생산액은 그 전부를 단독 기업이 만들어낸 것이 아니라 생산에 소요된 원재료·연료, 하청기업이 납품한 부품 등 다른 기업의 생산물이 포함되어 있으므로 이것을 공제한 나머지 부분이 부가가치가 된다.

  실제로 부가가치의 산출방법은 조금 복잡하여 각종 통계에 따라 달라진다. 부가가치 안에는 감가상각비(減價償却費) 외에 영업제경비(營業諸經費) 중에서 임대료·보험료· 광고비 등 대체로 제3차 산업의 소득으로 되는 것이 포함되어 있어 이를 총 부가가치라고 하며, 부가가치의 출하액(出荷額)에 대한 비율을 부가가치율 또는 소득률이라고 한다. 이에 대해서 앞서 말한 모든 경비를 모두 공제한 것을 순부가가치라고 한다. 예전에 기업을 관리하는 방식에서는 기업의 부가가치를 상당히 중요시했던 것 같은데 요즘은 부가가치 개

가치혁신을 위한 자기경영비법

념보다는 이윤에 많은 신경을 써서 그런지 부가가치의 중요성을 잊어가는 것은 아닌지 모르겠다. 이윤이라는 것도 부가가치가 모여서 만들어진다는 것을 알아야 한다.

기업의 부가가치를 국가적으로 집계한 것은 국민생산소득과 같다. 즉, 단순히 기업의 생산액을 집계한 것으로서는 기업 간에 매매된 원자재 등이 중복 계산되므로, 국민소득을 구하기 위해서는 부가가치를 집계해야 한다. 부가가치는 기업이 만들어낸 가치이므로 그 기업의 임금이나 이윤의 원천이다. 예를 들면 A·B 두 기업의 생산액이라 하더라도 B 쪽이 원재료비가 비싼 제품을 만들었다면 그 부가가치는 적으며 따라서 임금도 낮을 것이다. 종업원 1인당 부가가치 생산액을 부가가치 생산성이라고 하며, 기업에 있어 문제가 되는 점이다.

1인당 부가가치는 우리나라의 경우, 대기업과 중소기업 사이에 큰 차이가 있어 규모별 임금격차(賃金隔差)의 하나의 원인이 되고 있다. 그리고 임금에 대한 계수(係數)로서 분배율(노동분배율)이 있는데, 이것은 임금지불액의 부가가치에 대한 비율이다. 따라서 '부가가치율×분배율'은 인건비 비율, 즉 매출액 중에서 차지하는 임금 또는 인건비의 비율을 표시한다. 이 계수는 경영분석의 지표로서 중시되고 있다.

부가가치라고 하면 경제적 부가가치로만 생각하는 것이 다반사일 것인데 인간의 성장 측면에서 보면 육체적, 정신적, 정서적, 지적, 사회적, 경제적, 면에서 어느 것 하나 치우침이 없이 성장해야 함을 뜻한다. 그렇기 때문에 운동도 하고, 책을 읽기도 하며, 각종 모임을 통해 교제의 폭도 넓혀야 하고, 재테크도 해야 하고, 주어진 일을 해내려고 노력을 하기도 한다.

몇 년 전, 서울대 이면우 교수가 '영안실 이론'이란 걸 발표했었다. 1년 전이나 1년 후나 생각하는 것이나 태도, 행동이 똑같다고 한다면 그 사람은 1년 동안 영안실에 있었던 것과 같다고 했다. 이 말은 1년 동안 살면서 부가가치를 창출하지 못했다는 말과 같다고 본다.

보통 직장 생활을 정년 근무하고 나서 퇴직하고 보니 돈은 그럭저럭 모았는데 뭘 해야 할지 모르겠다는 분들이 더러 있다. 그저 직장 생활만 잘하면 되는 줄 알았는데 그게 아니었다는 걸 뒤늦게 깨달은 것이다. 일신우일신(日新又日新)하는 인간, 나날이 성장하는 우리가 되자. 매일매일 해가 바뀔 때마다 부가가치를 창출하자. 그것이 인생이다.

◆ 하고 있는 일은 생각보다 가치가 있다

　　신입 직원들을 부서에 배치받을 때마다 고민을 하는 것 중에 하나가 과연 무엇일까? 필자의 경우는 항상 생각하는 것이 "얘한테 당장 무슨 일을 시키나" 하는 것이다. 물론 장기적인 관점으로 보면 어떻게 교육을 시키고, 어떤 예절을 가르치고 하는 것이야 오랜 직장 생활을 경험으로 자연스레 흘러가겠지만 항상 고민은 입사 후 석 달 정도가 아닐까 한다. 특히나 대부분의 경우는 해당 팀에 발령을 받고 나면 상호 인사를 하고 거의 하루 종일 가만 놔두는 게 다반사다.

　　각자 하는 일에 몰두하여 정신없이 하루가 흘러가기에 신입 직원을 돌아볼 여유가 별로 없는 것이다. 그리고 그 이후에 신입 직원도 선임 직원들의 눈치를 보겠지만 선임들도 알게 모르게 신입 직원의 눈치를 본다. 그런 시간이 적어도 일주일은 흐르고 입사 회식을 한 후라야 그나마 어색한 관계가 좀 지나는 것 같다.

　　선임들이 신입 직원의 눈치를 보는 것이 이맘때가 아닌가 한다. 뭔가는 시켜야겠는데 아직 팀 업무를 알 수는 없고, 조금씩 업무를 가르치지만 습득 속도는 느리고, 각자 본인이 배울 때는 생각하지 않고 타박을 일삼는 기간이기도 하다. 신입 직원으로서는 참으로 힘든 시간일 것이다. 필자뿐만 아니라 누구나 겪는 과정이지만 신입 직원의 마음으로 가르치는 것은 안 되는 모양이다.

　　조금의 시간이 지나고 나서가 문제로 다가 온다. 신입 직원으로서는 불만을 제기할 수밖에 없는 일들을 안 시킬 수가 없는 것이다. 단순히 예를 들면 "복사 좀 해 와라.", "이 서류, 옆 부서 모 부장에게 전달해주고 오너라.", "미안하지만 커피 한잔 갖다 줄 수 있느냐.", "연휴 전인데 청소 좀 하자." 등등. 어려운 난관을 뚫고 입사를 했는데 한창 폼 나게 일을 하고 싶을 텐데 하루 종일 하는 일이라고는 허드렛일뿐이니 자연스레 불만이 나올 수밖에 없다.

해마다 봐 왔지만, 해마다 되풀이되는 일인 것 같다. 어떻게 보면 해결책이 없는 것 같기도 하고…. 비단 신입 직원일 때만의 문제는 아닐 것이다. 팀에서도 중요한 일들은 대개 대리 이상의 직급에서만 가능하다고 본다면 그 하부 직원들은 내심 그런 생각들을 할 것으로 본다. 물론 예외도 있겠지만 오히려 필자는 그 예외가 잘못 생각하는 것은 아닌가, 라는 생각을 해 본다.

그런데 필자가 이야기하고 싶은 게 있다. "자기가 하고 있는 일은 생각보다 가치가 있다"는 것이다. 특히나 신입 직원들에게 하고 싶은 이야기이다.

최근에 모 가수와 여배우의 열애 사실이 알려진 뒤 불거진 연예병사 특혜 논란에 대해 같은 연예병사 출신인 동료 탤런트가 소신을 밝혔다. 동료 탤런트는 "사람들은 편하게 '연예병사'라고 부르는데 정식 명칭은 '국방홍보원 홍보지원대'이다. 당사자들은 연예병사라고 불리는 것이 속상하다."면서 "국방의 의무를 위해 군에 입대했고, 군을 위해서 차출된 것인데 연예인이라는 이유로 삐딱하게 보는 시선

가치혁신을 위한 자기경영비법

이 있다."고 아쉬움을 나타냈다고 한다. 그러면서 "나도 홍보지원대에서 군 생활을 했지만 분명히 가치 있는 일을 하고 있다고 생각한다."면서 "홍보지원대 소속 연예인 사병이 군 부대를 방문하면 그곳 군인들의 사기가 오르고, 군 생활을 하는 데 큰 힘이 된다."고 강조했다.

존재 자체만으로도 누군가에게는 분명 도움이 되는 사람들이 있다. 신입 사원들이여, 하위 직원들이여, 자신의 일에 자부심을 가지고 직장 생활을 하기를 바란다. 분명한 것은 그대들은 분명히 회사가 필요하여 입사를 시킨 것이고, 누군가는 분명히 해야 할 수밖에 없는 일들을 하고 있다는 것이다. 업무 경력에 따라 약간의 경중은 있어도 회사 일을 함에 있어 중요하지 않은 일은 어디에도 없다고 본다. 그러니 조금 더 중요한 일을 하기 전에 준비를 하는 과정으로 생각하고 본인의 일에 최선을 다해주기를 바란다.

최근에 아내를 따라 아이들하고 김해에 있는 재활센터에 자원봉사를 간 적이 있었다. 아내는 자주 다녀서 익숙한 곳이지만 필자는 평생 태어나서 자원봉사라는 것을 처음 가보는 날이었다. 재활센터에 있는 친구들의 행동거지에 많이 마음 아파하기도 하고, 오히려 올바른 맘과 몸을 허락하신 이에게 감사하는 마음을 가지기도 한 날이었다.

그런데 자원봉사라는 게 내가 생각하던 육체적인 봉사를 하는 것과는 차이가 있었다. 아내가 속한 단체에서 하는 봉사는 프로그램

봉사인데 지체장애자들에게 팔찌를 같이 만들어주면서 대화 상대도 되어주는 봉사였다. 처음 사회봉사에 참여하는 필자는 '참 시시하다'라고 생각했는데 실제로는 그것도 쉬운 일은 아니었다. 그 팔찌를 만드는 데도 시간이 많이 걸리고 마무리는 누군가에게 도움을 받아야 하는 것이었다.

이런 경험을 통해서도 느끼지만 시시하게만 보이는 것도 누군가의 손길이 필요하고 그 손길을 애타게 기다리는 사람도 많다는 것이다. 재활원에 있는 친구들도 아마 자원봉사자의 방문만으로도 충분히 감사하게 생각하지 않을까. 세상 어떤 일도 하찮은 일은 없으며, 그 하찮게 생각되는 일도 과연 혼자서 전부 할 수가 있는가를 생각해 보면 분명 "하고 있는 일은 생각보다 가치가 있다"라는 이야기를 할 수 있을 것이다.

존재하는 것은 존재하는 것 이상의 가치가 있는 것이지 참을 수 없을 정도의 존재에 대한 가벼움이란 있을 수 없다!

◆ 주어진 일은 일단은 하고 보자

꿈만 생기면 저절로 성실해질 거라는 기대는 착각에 불과하다. 아트 스피치라 불리는 김미경 씨는 드림 온에서 다음과 같이 강조한다. "지금은 괜찮은 꿈을 못 만나 이렇게 대충 살지만 가슴 뛰게 하는 꿈만 만나면 성실하게 일해보리라, 라고 하는 말은 허풍 중의 허풍, 전형적인 사기다. 돈으로 사기를 칠 수는 있어도 꿈으로는 절대 사기를 칠 수 없다. 가슴 뛰는 꿈이 열정과 성실함을 끌어내는 것이 아니라, 성실함이 열정을 만들어내고 그 열정이 쌓여 가슴을 뛰게 만드는 것이다. 이 세상에 꿈같은 일은 없다. 다만 평범한 일을 나만의 특별한 꿈으로 만들 뿐이다. 가슴을 뛰게 하는 일도 없다. 다만 가슴이 뛸 때까지 일하는 것이다."

월남전에 참전 후 고엽제 환자로 오랜기간 고생하시다가 지금은 영천국립호국원에 영원히 잠들어 계신 필자의 장인어른께서 생전에 필자에게 남긴 교훈이 있다면 **경험은 인생의 스승이다**"라는 말이다. 작고하신 지 몇 해가 되었지만 그 말씀을 하시던 폼새가 잊히지 않는다. 필자도 시간이 지나 생각을 해보면 장인어른의 말씀에 충분히 공감을 하고 있다.

그렇다. 경험은 인생의 스승이다. 지혜라는 것은 지식하고는 달라서, 그냥 이론적으로, 머리로 얻어지는 것이 아니다. 그래서 아무리 공부를 많이 하여 학력이 높다고 하더라도 지혜라는 측면에서는 어리석을 정도로 빈약할 수도 있다. 지혜는 인생을 살아가면서 겪는 크고 작은 일들, 그리고 즐겁고 화나고, 슬프고, 쓰라린 일들을 통하여 하나씩 자라고 쌓이는 것이다.

부모님의 인생을 통해 겪은 지혜, 특히 고귀한 지혜는 대개 쓰라린 고통의 경험을 통해서 얻어지게 된다. 그 인생길에 고난이 닥쳐오고 슬픔이 찾아오면, 자신을 돌아보게 되고 전체적인 삶에 대한 반성이 이루어지게 마련이다. 그리하여 거기서 얻어지는 지혜는 세공 과정을 거친 다이아몬드처럼 값지고 귀한 것이 된다.

예술가 중에서도 보헤미안(Bohemian)적 기질을 가진 사람들은 참 예술가란 인생의 모든 것을 체험해 보아야 한다고 말한다. 보헤미안이란 일명 집시, 방랑자를 말함인데, 이들은 속세의 규율, 습관 등을 무시하고 방랑적이고 자유분방한 생활을 즐긴다.

대개가 예술가형으로서 의식을 고양시키기 위해, 또는 자기 자신을 신체적 위험이나 도덕적 타락에 노출시킴으로써 인생의 모든 것을 경험적으로 알고자 하는 것이다. 그리하여 자기 예술의 반경이 더 넓어지고 더 심오해지며 진정한 삶을 반영하기 위한 방법으로 마약에 탐닉하는 경우도 있다고 한다.

"주어진 일은 앞뒤 안 가리고 하자." 필자가 이런 이야기를 하면서도 과연 이것이 맞는 이야기인지 그릇된 이야기인지 당최 구분하기가 어렵다. "주어진 일은 일단은 하고 보자"라는 의미가 더 맞겠다. 단지 말하고자 하는 의도만 알아달라고 할 수밖에는 달리 할 말이 없다. 특히나 신입 직원의 입장에서는 기나긴 직장 생활을 봤을 때 조금 늦다고 생각될 정도로 많은 경험을 해가면서 살아가는 게 결국은 앞서는 것이라고 말할 수 있다.

필자의 친구들 중에는 사회 초년생일 때 조금의 약삭빠름으로 인해, 그 당시 만 해도 직장은 당연히 평생직장이라는 개념이 있을 때였는데도 불구하고 눈앞의 작은 이익을 좇아서 직장을 변경하는 친구들이 있었다. 그러나 지금의 나이에서 돌아보면 그 친구들이 결코 잘되어 있다고 할 수 없다.

기나긴 인생길은 자동차로 긴 여행을 가는 것과 같아서 가다 서다를 반복하고, 더 넓은 초원을 만나면 차에서 내려 잠시 휴식을 취하기도 하고 자동차가 고장이 나면 수리를 해서 다시 달릴 수 있도록 하는 준비기간도 필요하다.

『월든』의 저자 헨리 데이비드 소로는 젊은 시절에 학교 선생님이 되고자 했다. 그러나 그는 얼마 안가서 이 계획을 포기했다. 선배 교사들이 학생들을 체벌로 가르치라고 다그쳤기 때문이라고 한다. 학교를 그만둔 소로는 아버지가 운영하는 연필공장에 취직했다. 육체적으로 하는 노동이 힘들었지만 새로운 연마기와 납을 곱고루 섞는 혼합법을 개발해서 연필의 질을 높이는 등 열심히 일하며 주위의 인정을 받았다고 한다. 그러나 그는 거기에 머물지 않고 자신의 내면이 원하는 소리에 따라 또 다른 길을 선택했다. 가치 있는 삶이 무엇인지 배우고 실천하고자 숲으로 들어간 것이다.

그는 자신의 선택을 신기하게 바라보는 사람들에게 다음과 같이 말했다고 한다. "내가 숲으로 들어간 것은 인생을 계획적으로 살아보기 위해서였다. 다시 말해 인생의 본질적인 사실에 직면해서 인생이 가르치는 바를 내가 배울 수 있는지 알아보고자 했던 것이다. 그리하여 마침내 죽음을 맞이했을 때 후회하는 일이 없도록 하기 위해서였다."

그는 그곳에서 자연의 소중함과 물질문명의 폐해를 깊이 깨달았고, 이 깨달음의 결과로 불후의 명작 『월든』을 남겼다. 이 책을 통해 그가 직접 경험한 사실들은 사람들의 마음속에 깊은 감동을 남겼다.

"진리가 아무리 널려 있다고 하나 자신의 경험으로 느껴보기 전까지는 아무런 의미가 없다."라는 존 스튜어트의 말을 한 번쯤 되새겨 볼 일이다. 그것이 비록 작고 하찮을지라도 언젠가 눈을 떠보면 그것은 나의 경험이자 나의 모든 것이 될 것이다

최근에 회사 일로 검찰청에 간 적이 있었는데 검찰청 화장실에 붙어 있던 스티커에 다음과 같은 문구가 있었다.

"한 가지 일을 경험하지 않으면 한 가지 지혜가 자라지 않는다."

◆ 흔들리면 차라리 리듬을 타라

인생 후반을 준비한다는 것은 너무나 막연한 말이다. 하루하루도 살아가기 벅차다고 느끼는데 인생 후반을 준비하라니! 실제로 노후준비라는 말은 시도 때도 없이 듣는 이야기이긴 한데 도대체 어떻게, 무엇을, 이라는 물음 앞에서는 한없이 약해진다.

필자의 나이도 이제 인생 후반을 준비하라는 말에 익숙해지고 이미 준비를 하고 있어야 하는 나이인데, 너무나 막연하다고 생각한다. 그러나 어쩌랴. 한 번뿐인 내 인생인데 마지막까지 멋지게 살아야 하지 않을까?

흔히 바둑을 인생에 비유하기도 하는데 잘하다가도 한 번의 실수로 그 판 자체의 형세가 뒤바뀌는 경우도 있다. 바둑이야 다시 두면 되지만 인생은 한 번뿐인데 어찌해야 하나?

아내 휴대폰에 '이기주의자'로 이름이 저장된 필자는 아내에게는 미안한 일이지만 내심 '나름 개인적이지만 하고자 하는 대로 했구나.'라고 생각하였다. 일반적으로 이기적이라는 말은 듣기에 따라서는 상당히 거부반응을 일으킬 만한 단어인데도 필자는 전혀 그렇지 않다. 아니 필자의 나이에 들어선 사람들은 오히려 필요하지 않을까 생각해 본다.

요즘은 100세 시대에 경제수명이 50년이라고 한다. 즉 20대는 앞으로 50년간은 경제활동을 해야 하고, 50대는 20년 이상을 더 일하면서 살아야 한다는 말이다. 그렇게 본다면 경제 수명 50년의 시대에서는 필자의 나이는 축구로 따지면 이제 겨우 전반전도 끝나지 않았다. 20대, 30대를 거치면서 40대 초반까지는 원기 왕성하고 심리적 긴장감도 높고 적당한 경쟁심도 가지며, 개인적인 만족감을 강하게 추구하면서 사회에서 자신의 위치를 확립하기 위해 전력투구해 왔다고 할 수 있을 것이다.

20~30대부터 꿈을 실현하기 위해 수년 동안 많은 노력을 투자해 꿈과 연관된 인생전략을 짜고 노력한 사람은 40대부터 성취의 기쁨을 맛보기도 한다. 이렇듯 성공이냐 실패냐의 결과는 젊은 시절부터 본인의 노력 여하에 달려 있는 것이다. 그러나 대다수 사람들이 그것을 알기는 하지만 마냥 직장에 매여 주어진 일만 수행하다 보니 수동적인 인생이었다는 것을 뒤늦게 깨닫게 되는 것이 문제라고 할 수 있다. 중년에 들어선 지금 과연 어떤 인생을 살아왔고 남은 인생은 어떻게 살아가야 할지 생각해보는 시간은 무조건 필요하다.

일전에 만나본 천재작가 김태광 소장은 글을 적을 때도 자연의 4계절에 비유를 하기도 한다고 한다. 봄에 씨를 뿌려 가꾸고 여름 더운 날에 튼실하게 살을 찌워 가을에 거두어들이며 겨울에는 다시 올 봄을 준비하듯이, 인생에 있어서도 20~30대에 자신의 꿈을 실현시키는 일에 전념했다면 중년기에는 지나온 인생을 돌아보며 앞으로의 삶을 좀 더 값있고 의미 있게 만들기 위해 노력해야 할 때다. 중년이라는 나이는 새로운 가능성을 여는 출발점이 분명하다. 여태까지 살아온 자신의 삶이 성공적이었든지 미흡했다고 생각되든지 간에, 인생 후반전을 살아야 할 새로운 출발선 앞에 선 지금은, 자신 앞에 전개될 삶에 어떤 의미를 부여할 것인지 고민하고, 멋지게 살기 위한 목표와 방향을 다시 생각해 보자. 그리고 실천방법을 정리해 보자.

필자도 학위를 수여받은 이후에 한동안 새로운 목표 설정에 애를 먹었다. 마냥 시간이 흘러가는 것 같아 많이 안타까워했는데 그럼에도 그동안 고생했다는 생각에 조금은 그 자리에서 안주하고 싶은 마음이 강했는지 새로운 목표가 떠오르지 않아 많은 고민을 했던 것 같다. 피곤하면 쉬어야 하지 않을까? 등산을 할 때도 내 몸의 컨디션에 따라 쉬다, 가다를 반복하지 않는가? 그런 에너지 보충의 시간이 지금 아닐까, 하는 마음을 먹었던 것 같다.

과연 나의 미래는 어떤 모습으로 다가올까?

주위의 또래 동료들에게 물어보면 한결같이 은퇴 후에는 시골에서 생활하고 싶다는 생각을 하고 있다. 그런데 또 한결같이 구체적으로 생각하는 동료도 없고, 은퇴 후의 생활을 위해 준비를 하고 있는 동료도 없다.

우리가 간과해서는 안 되는 일은 **마음이 흔들리면 바라보는 세상도 흔들리게 되어 있다.** 그래서 시선을 집중하기 위해서는 마음을 한군데로 모으는 습관이 필요하다. 집중한다고 하는 것은 현재의 상태에 집중을 한다는 것이다. 과거의 일이나 미래의 일에 집중을 한다는 자체가 적용할 수 없는 일인데, 이미 지나간 실수이거나 일어나지도 않은 일에 집중을 한다고 하는 것 자체가 맞지 않는 이야기인데 우리는 간혹 적용하려고 하는 것이다. 현재의 일에 집중을 하다 보면 훗날에 과거가 될 미래가 좋아질 것이다. 부정적인 생각은 빨리 잊어버리고 현재의 상태나 일에 집중하기를 바란다.

필자도 간혹 엉뚱한 꿈도 꾸기도 하는데 최근에는 이런 꿈을 꾸고 있다. 어릴 때부터 악기라고는 젬병이었던 터라 배울 꿈조차 꾸지를 않았는데 그런 게 마음에 남아 있다. 그래서 이 집필을 끝내고 나서는 색소폰을 배우겠다는 생각을 가지고 있다. 경제적으로 여유가 있고 없고를 접어두고 음악으로 남은 인생의 공간을 채워두고 싶고, 어느 정도의 실력이 되면 자원봉사 팀으로 합류를 해서 음악 봉사를 하고 싶다는 생각을 하고 있다.

이때까지 생각하는 것은 이루려고 노력해왔던 필자이기에 지금 꾸고 있는 꿈도 언젠가는 이루어질 것으로 믿고 있다. 안 된다고 생각하는 사람들은 온갖 이유를 갖다 붙이게 되어 있다. 안 된다고 이야기하는 사람들은 다르게 보면 그만큼 절박하지 않다는 말과 같다고 할 수 있다. 제2의 인생에서 '경영학박사 정득교'라는 말 대신 능숙하지는 않지만 '음악으로 사회에 봉사하는 정득교'라는 타이틀을 스스로 붙여서 다니고 싶다.

◆ 시도하는 사람이 전문가다

직장 생활을 하면서 신입 직원 때는 걱정을 전혀 하지도 않았던 일들이 시간이 지나면서 다가오는 것이 살아남는 법에 대한 고민일 것이다. 사회 초년생 때 이런 걱정을 하는 친구는 없을 것이다. 그러나 40대에 접어들면 직장인으로서는 한 번쯤, 아니 수시로 고민하는 것 중의 하나가 아닌가 한다. 이런저런 사유로 직장을 이동하는 경우가 발생하기 때문에 그 대상이 되지 않기 위해 다양한 노력들을 하는 것이다.

결국은 나이가 들어감에 따라 생존에 대한 걱정을 하고 있다는 것이고 다르게 이야기하면 나이를 잊게 만드는, 나이를 극복하는 방법을 찾으면 답은 나올 것 같은데 과연 그것이 무엇일까?

불황이 직장인들의 자기 계발 트렌드도 바꾼다고 한다. 예전에는 외국어를 배우거나 운동을 하는 등 개인의 성장에 초점이 맞춰져 있었다면, 요즘에는 업무와 관련하여 능력을 높일 수 있는 직무 관련 교육에 직장인들이 몰리고 있다고 한다. 능력 있는 신입 직원들의 등장에 상대적으로 몸값도 떨어지고 언제 감원 대상이 될지 모르는 상황에서 직장인들이 선택한 생존 전략은 '전문성' 확보다

앞으로의 세상은 전문가만이 살아남는다고도 할 수 있다. 회사에 몸담고 있는 직장인들도 마찬가지이다. 회사 조직이라는 게 피라미드와 같아서 시간이 갈수록 위쪽이 항상 좁다는 것이다. 회사에서 어떤 일을 하든지 간에 전문가들만이 승진 사다리를 타고 올라갈

수 있다고 볼 수 있다. 역으로 전문성이 없는 사람들은 언제 퇴출될지 모르는 시대가 되었다고 할 수 있다. 대학원에 진학하여 공부를 하거나 자기 계발에 시간과 비용을 투자하는 직장인들도 나름 전문성을 갖추기 위해서 노력하는 것이다.

하지만 전문성을 가지려고 노력은 하는데 과연 어떻게 해야 전문성을 갖췄다고 할 수 있을까? 대학원을 졸업하고 자기 계발을 하고 있다고 해서 타인들이 나를 전문가라고 불러줄까? 그것은 아닐 것이다. 예전에 농담으로 직원들에게 이런 말을 한 적이 있다. "프로는 돈이다. 돈 받는 만큼 일한다." 그럴싸한 이야기 같은데 전문가적 기질이 부족한 이야기라고 할 수 있다.

예전에는 새로운 발상으로 업무를 진행해 봐도 선임 직원들에게 핀잔을 많이 받던 시기라 이런 핀잔을 자주 들으면 선임 직원들이 시키는 방법대로만 일을 했던 기억이 있다. 전문가가 되기 위해서는 일을 바라보는 새로운 시각이 필요하다. 전문가들은 회사가 시키니까 일을 한다는 생각을 하지 않는다. 그것이 전문가와 비전문가의 차이인 것이다.

직장인들이 회사에서 일을 하고 그 대가를 받는다는 생각은 바꾸어야 한다. 회사에 그동안 업무를 하면서의 경험과 자신의 전문 지식을 바탕으로 서비스를 제공하고 그에 따른 대가를 받는다는 식으로 생각을 해야 한다. 각자가 직원의 입장이 아닌 Owner적인 생각을 가지고 일을 해야 전문가적인 기질을 가지고 있다고 할 수 있다.

전문가가 되기 위해서 학교에 갈 수도 있고, 어학원에 등록한다든지, 필요한 자격증을 취득할 수도 있고, 업무 실력을 높이기 위해 노력할 수도 있지만 이런 노력만으로 진정한 전문가가 되기는 어렵다. 필자의 생각으로는 진정한 전문가로 거듭나기 위해서는 회사에 제공할 수 있는 본인만의 서비스가 있어야 한다는 것이다.

단순히 학교를 졸업하고, 어학을 배운다든지, 자격증을 취득한다든지 하는 것이 전문가라고 할 수는 없다. 다만 이런 과정들이 전문가로 가기 위한 방법이라고는 생각할 수 있다. 전문가의 길로 가는데 기본적인 지식이나 조건 없이 되는 것은 불가능하기 때문이다.

과연 내가 남을 위해 제공할 수 있는 전문적인 상품과 서비스는 무엇인가? 당장 답을 하지 못하고 머뭇거리는 당신은 아직 전문가가 아니라고 할 수 있다. 지금 다니는 직장에서 살아남고, 조직을 떠난 다음에도 새로운 길을 모색할 수 있는 길을 지금이라도 찾아야 하지 않을까?

최근에 많이 느끼는 것이지만 본인의 기술을 가지고 있는 직원들은 어떤 풍파가 일어나도 일반 관리직에 있는 직원들보다 덜 두려워한다. 평상시에는 세상 돌아가는 이야기나, 회사의 전반적인 사정, 다양한 업무를 접하여 인정을 받는다고 생각하였으나 뭐 하나 제대로 할 줄 모르는, 즉 자신만의 강점이 없는 일을 하고도 있다고 할 수 있을 것이다.

경영자는 항상 경제적 이익을 생각한다는 것이 중요하고, 직원들도 이 또한 중요하기 때문에 적당한 조합을 이루어야 한다. 그런데 경영자의 요구에 적합하지 않는 즉 경제적 이익이 없는 비전문가의 일은 결국 전문가에게로 연결될 수밖에 없다.

어떤 분야이든 전문성을 갖추어야만 살아남는 시대가 되었다. 그리고 앞으로의 세상은 더더욱 그럴 것이다. 어떤 강의에 참석하여 들었던 우스개 이야기를 소개하고자 한다.

어느 날 20명의 직원들이 모여 모두 똑같이 일주일에 40시간씩만 일을 하기로 결정했다. 다들 공평하게 일할 수 있을 것 같아 좋아했다고 한다. 적당히 일을 하면서 개인적인 삶의 여유도 즐길 수 있을 것이라고 생각을 했던 것이다. 그런데 얼마 되지 않아 이상한 현상이 발생했는데 그것은 10명은 일주일에 약속한 40시간보다 많은 60시간을 일하고, 나머지 10명은 40시간이 채 안 되는 시간만 일을 하는 것이었다.

60시간을 일하는 사람들은 매일 야근을 한다고 불평했고, 근무시간 내내 노는 직원들은 일이 없다고 불평했다. 20명 모두가 만족하고자 한 결정이 오히려 20명 모두에게 불행한 결과를 가져온 것이다. 우스갯소리로 들리겠지만 여러분 직장을 생각해보면 우스갯소리가 아닌 지금 나의 직장 현상과 같은 현상이 아닌가 하는 생각은 들지 않는가?

일을 부지런히 하는 팀과 그렇지 않은 팀, 팀 내에서도 주말을 가리지 않고 출근해서 일하는 직원과 그렇지 않고 정규시간만 정확히 지켜서 근무하는 직원들이 있을 것이다. 여기에서 일주일에 60시간씩 일하는 10명이 바로 전문가들이라고 할 수 있다.

앞으로 전문가들은 더욱 바빠져서 오히려 쉬는 시간이 없다고 불평하게 될 것이고, 비전문가들은 반대로 일이 없어서 불평하게 될 것이다. 단순히 근무시간을 비유한다고 착각하지 마시기를 바란다. 근무시간으로만 평가한다면 필자는 벌써 전문가의 대열에 합류해 있다고 자부한다. 고민하면서 업무를 하기 바란다.

직장인 후배들에게 묻고 싶은 한마디, "**당신이 회사에 제공할 수 있는 전문 상품과 서비스는 무엇인가요?**"

제5장

간접비가
일을 그르친다

———

- 팔랑 귀보다 말뚝 귀가 좋다
- 탁! 터놓고 이야기 좀 해봅시다
- 지독한 카리스마 앞에서는 우회로 돌려라
- 가족을 스승으로 삼아라

제5장

간접비(indirect cost)가 일을 그르친다
(대박은 없다. 작은 것부터 시작하라.)

비용이란 수익을 얻기 위하여 기업이 소비한 재화 또는 용역으로서 소멸된 원가를 말한다. 이는 경제적 효익의 유출이라고 할 수 있다. 소멸된 원가가 당기의 영업활동과 관련되어 수익에 공헌하지 못한 것을 손실이라고 하는 것과 구분된다.

기업회계기준상 비용은 그 지출 유무에 불구하고 발생주의원칙에 의하여 인식되는데, 매출원가와 같이 수익창출 과정과 직접 대응하는 비용과 감가상각비 등의 기간적 대응에 의한 것, 사무원 급료·광고선전비와 같이 간접 대응되는 것으로 세분되어질 수 있다. 주로 사무 간접 부문인 비용은 전체 비용 중에서 차지하는 비율이 낮아 관리의 우선순위에서 보통 밀리게 마련이다. 주로 소모품비, 사무용품비, 수도광열비 등등을 들 수 있으며 절감을 하더라도 별로 표가 나지 않는 항목들이다.

그러나 관리 프로세스 변경만으로도 높은 비율로 절감할 수 있는 게 오히려 간접비용이라고 할 수 있다. 원가 담당자 정도의 수준은 아니겠지만 어느 정도의 전문성을 갖춘 담당자가 비용절감의 의식을 갖추고 있다고 한다면 보다 효율적으로 관리할 수가 있다.

경영자는 이익을 창출하는 주체가 되는 것이며 회사는 무엇보다도 이익 창출을 목적으로 하기 때문에 경영자는 이익에 대한 명확한 이해와 이익 창출을 위해 어느 정도의 리스크를 감수할 수 있는 역량이 요구된다. 리스크라고 하는 것은 미래에 대한 불확실성으로 인해서 발생한다고 할 수 있다. 예컨대, 목표하고 있는 매출액의 불확실성, 부채의 원금 상황과 같은 예상 자금흐름의 불확실성 등이 있다. 이러한 리스크를 그냥 방치하거나, 일이 터지고 나서 뒤늦게 사태 수습에 매달리는 것은 기업에게 이래저래 상당한 손실을 가져온다. 리스크의 최소화는 곧 이익의 극대화로 이루어질 것이기 때문이다.

인간관계도 마찬가지다. 효과적인 이익을 달성하려면 미래의 불확실성을 보완할 방법을 찾아야 한다. 비판적이고 창의적인 사고의 중요성을 깨달아서 문제가 발생하기 전에 합리적인 의사결정을 해야 한다.

연습과 실전의 차이는 명백하다. 연습은 실수를 하더라도 치명적이지 않다. 연습 과정에서 실전처럼 승부를 하는 것은 그 자체가 배우는 것이고 더 많은 연습을 할 수 있는데 실전은 틀리다. 실전에서 연습처럼 할 수는 없는 것이다. 연습 과정에서 많은 시행착오와 학습 과정을 거쳐서 더 나은 방법을 찾아가면서 실전에 대비를 해야 한다.

◆ 팔랑 귀보다 말뚝 귀가 좋다

노력이라고 하면 '목적을 이루기 위하여 몸과 마음을 다하여 애를 씀'이라고 표현된다. 가장 많이 사용하면서 가장 어려운 것이 아닌가 생각된다.

우리가 알고 있는 노력의 대명사하면 당연히 떠올리는 사람은 당연 발명왕 토마스 앨바 에디슨일 것이다. 오늘날까지 기록상으로 발명왕 에디슨만큼이나 많은 특허를 얻은 사람은 없다고 한다. 우리들이 살아가는 이 공간에서 에디슨의 발명품들이 없다고 한다면 생각만 해도 끔찍할 것이다.

토마스 앨바 에디슨은 1847년 2월 11일 미국 동부 밀란이라는 작은 마을에서 태어났다. 학교라고는 누구나 알다시피 단 3개월간 초등학교에 다닌 것이 전부였으며, 그 후 그는 어머니의 교육 속에서 천재적인 재질을 키워나갈 수 있었다.

또한 에디슨은 일찍부터 자립심이 강해서 어린 나이에 생활이나 사업 면에서도 매우 강한 의지를 보인 소년이었다. 에디슨이 발명한 대표적인 발명품들로는 전등, 활동사진, 인쇄기, 스위치 등이 있으며,

그것들은 모두 현재 우리의 생활에 상상할 수 없을 정도로 소중하고 요긴한 것들이다.

에디슨은 발명특허를 받은 것만 해도 무려 2천여 가지나 되며, 특허를 얻은 것 외에도 무수한 발명품들이 우리의 생활을 편리하게 해주고 있다. 그는 1931년 10월 18일, "나는 인류의 행복을 위해 온 힘을 다하였다. 내게 후회되는 일은 없다."라는 마지막 말을 남기고 84세의 보람찬 생애를 마감했다.

언젠가, 어떻게 살아가는 것이 보람 있는 길이냐는 질문에 대해 "나의 인생철학은 일하는 것입니다. 자연의 비밀을 찾아내어, 그것을 인류의 행복을 위해 응용하는 것입니다. 짧은 인생에 있어서, 인류를 위해 그 이상으로 봉사하는 방법을 나는 모릅니다."라고 대답한 에디슨은 정녕 후회 없는 인생을 살다 간 것이었다.

발명왕 에디슨은 다음과 같이 이야기하였다.

"나의 발명은 99%의 노력과 1%의 영감으로 이루어졌다."

99%의 노력과 1%의 영감'의 의미는 무엇일까? 거기에 대해 에디슨은 다음과 같이 대답했다. 영감이 떠오르지 않는 사람들의 대부분은 관심과 마음이 자기 자신한테만 머물러 있기 때문이며, 그런 사람에게서는 결코 영감이 나오지 않는다고 하였다.

마음이 사물에 가 있는 사람들은 사물을 통해서 영감을 얻어내는데, 마음이라는 것이 자기에 국한된 상태에서 무언가를 얻어 보려고 사물을 보면 영감이 나타나지 않는다고 하였다. 그러니까 자기가 하는 일에 집중을 하고 마음을 쏟아 부어야, 즉 하는 일에 마음이 가 있어야 뭔가를 이룰 수 있다는 것이다.

무언가 필요한 변화를 일으키고자 한다면, 변화를 일으키고자 하는 그곳과 먼저 하나가 되어 있어야 하나 자기를 위해서, 자기의 머릿속 생각의 옳음을 위해서 무언가 움직임을 일으키고자 하면, 거기에는 반드시 움직인 만큼의 타격이 자기에게 되돌아오게 된다고 하였다. 그런 마음으로는 진정 변화를 일으킬 수 있는 지혜와 영감이 나타나지도 않고, 다른 대상으로부터의 도움도 절대 나타나지 않을 것이라고 하였다.

에디슨은 숱한 발명품들을 만드는 과정에서 그러한 점을 많이 느꼈다고 한다. 그런 점에서 볼 때 바로 "1%의 영감은 결국 99%의 노력과 함께 있는 것이다."라고 말할 수 있을 것이다.

결국 에디슨은 사람들이 믿고 있는 인간의 지식은 그 지식이 요구하고 있는 것을 스스로 만들어내지 못한다는 사실과 오히려 인간이 요구하고 있는 그것을 위해 99%의 강한 노력을 기울였을 때, 신(神)이 그 비밀을 알려주게 되는 것이 1%의 영감이라고 해석을 하고 있다.

비슷한 이야기로 춘추시대의 《열자(列子)〈탕문편(湯問篇)〉에, 쉬지 않고 꾸준하게 한 가지 일만 열심히 하면 마침내 큰일을 이룰 수 있음을 비유한 말이 있다. 원래 어리석은 영감이 산을 옮긴다는 뜻으로, 우공이산(愚公移山)이라는 말이 바로 그것이다.

중국 기주(冀州) 남쪽과 하양(河陽) 북쪽에 있는 태행산(太行山)과 왕옥산(王玉山) 사이의 좁은 땅에 우공(愚公)이라는 90세 노인이 살고 있었다. 그런데 사방 700리에 높이가 만 길이나 되는 이 두 큰 산이 집 앞뒤를 가로막고 있어 우공(愚公)의 가족들이 어디를 가든 이 큰 산을 돌아가야 하기 때문에 매우 어려움을 겪고 있었다.

　그래서 우공(愚公)은 어느 날, 가족을 모아 놓고 태행산(太行山)과 왕옥산(王玉山)을 다른 곳으로 옮기자고 말했다. 어떻게 사람의 힘으로 이 큰 산을 옮길 수 있냐고 가족들은 반대를 했다. 이에 우공(愚公)이 "산 때문에 이러한 큰 불편을 겪는 것은 우리 시대에서 끝내야 하지 않겠니? 우리가 하지 않으면 우리 자손들은 앞으로도 영원히 불편하게 살아갈 것이다. 물론 힘들겠지만 우리 온 가족이 힘을 합치면 불가능할 것도 없다고 본다."라고 말하여 결국에 가족들은 힘을 합치기로 찬성하고 이때부터 온 가족이 산에 올라 돌을 깨고 흙을 퍼 담아 발해(渤海)로 나르기 시작했다. 발해(渤海)로 한 번 갔다 오는 데 1년이나 걸렸다.

　하루는 우공(愚公)의 친구 지수(智搜)가 소문을 듣고 찾아와 우공(愚公)에게 소리를 질렀다. "이놈이 죽을 날이 가까워지니 망령(妄靈)이 들어도 유분수(有分數)지 어떻게 저 큰 산을 옮긴다고 손주들까지 생고생을 시키느냐, 하려면 너 혼자 하지."

　우공(愚公)이 대답하되 "자네는 하나만 알고 둘은 모르는구만. 산은 항상 그대로이지만 내 자손들은 계속해서 늘어나지 않는가. 우리 자손들이 대대손손(代代孫孫) 이 일을 하면 저 산도 언젠가 평평해지지 않겠는가?"

그때 이 두 산을 지키는 산신령(山神靈)이 우공의 말을 듣고 깜짝 놀라서 옥황상제(玉皇上帝)에게 도와 달라고 부탁했다. 그러자 우공(愚公)의 끈기에 감동한 옥황상제(玉皇上帝)는 역신(力神) 과아(誇娥)의 두 아들에게 명하여 각각 두 산을 업어 태행산(太行山)은 삭동(朔東) 땅에, 왕옥산(王玉山)은 옹남(雍南) 땅에 옮겨놓게 했다. 그래서 두 산이 있었던 기주(冀州)와 한수(漢水) 남쪽에는 현재 작은 언덕조차 없다고 한다.

본 이야기는 노무현 전 대통령께서 생전에 남들이 자신을 '바보'라고 하지만 꾸준히 하다 보면 언젠가는 누군가에 의해 특권과 반칙이 아닌 원칙과 상식이 지켜지는 사회가 될 거라고 하면서 좌우명으로 삼으셨다는 우공이산(愚公移山) 이야기이다. 노 전 대통령은 우공이산(愚公移山)에 빗대어 노공이산(盧公移山)이라는 말을 많이 사용하셨다고 한다. 쉬지 않고 꾸준하게 한 가지 일만 열심히 노력하면 마침내 큰일을 이룰 수 있다는 뜻일 것이다.

어떤 인생을 살아가더라도 자신의 생각대로 살아가고자 한다면, 자기의 목표를 정해서 꾸준히 노력해야 한다. 노력이라는 것이 없고도 이루어질 수 있는 것이 있을까? 그 어떤 작은 성공도 꾸준한 노력과 인내가 필요하다. 성실한 노력을 바탕으로, 꾸준하게 진행하다 보면 성공을 이루게 되는 게 불변의 진리이다. 성공을 얻기 위해서는 꾸준한 노력과 인내가 필요한 게 진리이기 때문에 작은 목표라고 하더라도 노력과 인내를 통해서 쟁취를 해보는 경험이 중요하다.

이 말을 하는 이유는 간혹 본인은 별 노력한 것도 없는데 얻어지는 경험을 한 경우도 있을 것이다. 사실 이런 경우를 우리는 경계해야 한다. 이렇게 쉽게 얻어지는 성공은 노력과 인내의 소중함이 덜하다고 볼 수 있다. 실패하는 경험을 줄인다고 하는 것은, 꾸준한 노력과 인내를 같이 하고 있는 경우라고 한다면 실패한 곳에서 많은 보완점을 찾고, 많은 것을 배우고, 똑같은 실수를 하지 않으려고 하는 마음의 자세가 필요하다.

노력의 크고 작음에 따라서 목표를 향해 가다가 쉬는 사람이 있을 것이고, 빨리 도달하는 사람도 있을 것이고 늦지만 꾸준히 움직이는 사람들도 있을 것이다. 이것이 인생인 것이다.

◆ 탁! 터놓고 이야기 좀 해봅시다

직장에서는 학창 시절 친구처럼 절친한 동료를 만날 수가 있을까? 경험상 신입 직원 때는 가능했던 것 같은데 나이가 들면서는 거의 불가능하지 않나, 라는 생각이 든다. 인간적으로는 서로 좋아하고 맘이 맞을 수도 있겠지만, 어쩔 수 없이 경쟁관계가 되어야 하는 것이 바로 직장 동료이다. 늘 비교의 대상이 되는 동료보다는, 오히려 선임 직원이나 부하 직원과 친하게 되는 것도 그 때문이다. 하지만 그곳이 어디든 나를 믿어주는 친구가 있다는 것은 참 소중한 일이다.

어릴 때부터 우리는 친구가 매우 중요하다는 교육 아닌 교육을 들어왔다. 고등학교 시절에는 '고등학교 친구가 평생 친구'라는 말을 들었다. 대학 친구들이야 군대 문제도 있고 해서 오래 사귄 친구는 별로 없는 것 같다. 신입 사원 시절에는 동기의 괴로움이 나의 괴로움인 양 고민을 같이 많이 하기도 한 것 같다. 힘들고 어려울 때 유일하게 속마음을 터놓고 이야기할 수 있는 대상이었던 것이다.

그때 그 친구들은 어디에 있을까? 각자의 사회 영역에서 자기 역할들을 하면서 살아가고 있겠지. 과연 회사에서 친구라고 할 수 있는 동료가 있을까? 회사에서 사귄 친구는 학창 시절의 친구처럼 오래도록 만날 수 있을까? 통상적으로 회사에서 만난 가까운 사람을 '동료'라고 하지 '친구'라고 하는 사람이 거의 없는 것처럼 오래 관계를 유지하기란 쉽지 않을 것이다. 그 이유는 학교와 회사의 목적에 따른 것이 아닐까 한다.

학창 시절 우리는 친구를 아무 조건 없이 사귀었다. 그냥 말이 통하면 친구가 되는 것이고, 서로를 공유할 수 있는 여건만 있다면 누구나 친구가 되었다. 그리고 친구가 된 이후에는 서로에 대한 무조건적인 신뢰와 우정을 갖는 것이 당연한 일이라고 생각했다. 받는 것보다는 주는 것이 진정한 친구가 할 일이라고 생각하며 살았다.

그러나 직장 생활은 다르다. 조직의 목표를 위해 상대방과 협력하거나, 절친한 사이지만 비즈니스란 목적이 있기 때문에 어쩔 수 없이 거리를 두어야 하는 경우도 많이 있다. 단순히 생각하는 것이 비슷하거나 비슷한 취미 또는 인간적으로 호감을 느껴 가까워지더라도, 학창 시절 느꼈던 끈끈한 애정이나 동질감은 쉽게 생기지 않았던 것 같다. 그래서 직장 생활을 하는 내내 고등학교 동기 모임을 죽어라고 찾아다니는지도 모르겠다.

학창시절의 친구들을 지금의 나이에 만나도 그때 그 당시로 돌아간 듯한 말투, 욕지거리를 해도 가히 기분 나쁘지 않는 분위기를 어디에서 느낄 수가 있단 말인가? 그러나 직장 생활도 나름대로의 인간관계에 있어 중요한 곳이다.

직장 내에서의 스트레스는 같은 직장인만이 알 수 있는 것이 많다. 그만큼 공유하는 상사나 상황이 많은 까닭에 학창 시절의 친구들에게는 털어놓고 말하기는 어려운 것이 많다. 전후 상황을 다 설명을 해줘야 이해를 할 텐데, 스트레스 받아 술 한잔하고 싶은데 그 모든 상황을 설명해주는 스트레스가 더 많을 것 같다. 가벼운 상황이면 몰라도 밤새 잠을 이루지 못하고 계속 고민하는 상황이라면 다르다.

인생을 살아가다 보면 생각지도 않은 일이 벌어지기도 하고, 왜 나에게만 이런 일이 생길까, 하는 세상에 대한 막연한 미움도 가질 때가 있을 것이다 그러나 대부분의 일들은 시간이 해결해 주는 것이 많으리라.

누군가 말했던가. "이 또한 지나가리라(This too shall pass)" 이 말의 원래의 뜻을 몰랐을 때에는 '힘들고 어려운 순간은 다 지나가게 마련이지'라고 생각했었는데 큰 기쁨을 절제하고 자만하지 않기 위함의 뜻도 같이 내포되어 있음을 알아야 한다. 이 세상에서는 어떠한 것도 영원한 것은 없음을. 참 단순한 말이기도 하지만 의미가 있는 말이기도 하다.

과거의 괴로운 일을 즐거운 추억으로 만들 수 있는 것은 사람만이 할 수 있는 능력이다. 평상시에는 그 소중함을 느낄 수 있는 기회가 거의 없었다고 하더라도 사람이 지독한 외로움을 느끼거나 자기 자신이 한심한 인생이라는 생각이 들 정도로 괴로운 일들의 나날이라면 사람 관계가 얼마나 중요한지를 알게 될 것이다.

괴로운 마음을 털어놓고 싶은데도 아무나 하고는 말을 할 수가 없는 일인지라 만나는 사람도 가려질 수밖에 없는 것이다. 남의 괴로움을 알면서도 신경 쓰기 싫어하는 친구, 그저 재미있는 일이 생긴 듯이 마냥 웃어대는 친구, 걱정스러워 하면서도 그저 경과만 알고 싶어 하는 친구, 아무런 관심이 없는 친구, 평상시에 그렇게 친하다고 하는 친구들은 어디 간 곳을 모르겠고 만나서 편하게 술 한잔할 수 있는 친구가 없어져 버렸다.

이런 시기에 살며시 옆자리로 와서 말없이 어깨를 두드려 주는 직장 동료가 있다면 얼마나 직장 생활에 활력을 가질 수가 있을까? 직장 생활을 이제껏 해왔던 경험상 적당한 경쟁의 관계를 유지하긴 하지만 공공의 적을 향한 안주빨을 세울 수 있는 동료는 분명히 있어야 직장 생활이 외롭지 않다는 것이다.

필자의 경우는 직장 생활 중 처음으로 언성 높여서 싸우던 동료가 있었다. 엄밀히 말하면 몇 해 고참이었는데 업무 중에 일어난 말다툼이어서 막말까지 하게 된 경우가 있었다. 시간이 흘러 당시의 오해는 잘 풀렸다. 하고자 하는 목적은 같았는데 방법에서 오해를 가져온 부분을 서로 이해를 한 이후로는 직장에서 그 누구보다도 서로를 위해주고, 격려도 해주고 도와주는 그런 사이가 되었다. 지금도 나의 괴로운 직장 생활을 풀어주는 활력소가 되어주는 참 고마운 사람이다.

마찬가지로 친구뿐만 아니라 직장 동료들을 소중히 하라는 말을 하고 싶다. 단순히 직장 동료를 경쟁자로 몰아붙일 필요는 없다. 오히려 필자의 경우처럼 친구보다 더 소중한 존재가 될 수 있는 동료는 얼마든지 있고, 당신도 그런 동료가 될 수도 있다는 것을 언제든지 신경을 쓰고, 직장 생활이 메마르지만은 않다는 것을 느끼면서 직장 생활을 했으면 한다.

◆ 지독한 카리스마 앞에서는 우회로 돌려라

예전에 모 증권사의 광고 내용에 '모두가 예라고 할 때 아니오, 라고 할 수 있는 사람. 그런 사람이 좋다. 모두가 아니오, 라고 할 때 예라고 할 수 있는 사람. 그런 사람이 좋다.'라는 광고가 있었다.

그 당시에도 상당히 의미심장한 광고라고 생각했다. 그러나 최근 느끼지만 통상적으로 회사의 분위기가 많은 것을 좌우한다고 할 수 있다. 즉 회사의 대표가 직선적이고 소위 카리스마가 있는 사람이 대표가 되어 있을 때 감히 그 앞에서 모두가 '예'라고 할 때 '아니오'라고 할 수가 있겠는가? 기껏 할 수 있는 것이 대답을 하지 않는 정도이지 않을까 한다.

이런 회사는 회의를 해도 마찬가지이다. 자료는 엄청 준비를 해서 들어가더라도 그 자료는 이미 대표가 원하는 곳에 초점이 맞춰져 있는 자료이다. 그래서 전부 발표하는 자료가 일맥상통한 자료가 많다. 왜냐하면 대표와 반대되는 자료를 발표했다가는 그 역공을 감당하기가 어려울 것이므로 결국 대표의 뜻에 얼마나 맞춰서 발표를 하느냐 하는 데 신경을 쓰는 것이다.

말로야 무엇인들 못하랴, 광고에서는 무엇인들 못하랴. 진정 자기 직장 목숨을 내놓고 대표의 뜻을 거절할 수 있는 용기를 가진 자가 몇이나 될까? 20년 정도 직장 생활을 한 필자도 그런 간 큰 인간을 한 번도 본 적이 없다. 필자는 그래도 스스로 생각해 보면 그렇게 직선적인 성격의 대표를 만나지 못해서 그런지 나름 할 말은 하며 직장 생활을 한 것 같다.

필자가 생각하는 직장과 정상적인 경영자라고 하면 다 같이 '예'를 외치는 것보다는 누군가는 '아니오'라고 대답할 줄 아는 직원이 있는 것을 선호를 해야 하지 않나 싶은데 현실은 그렇지 않은 것 같다. 온통 '예스' 딸랑이들뿐이니 원 참내!

필자의 현 직장에서도 그런 친구가 하나 있다. 오랫동안 그 친구를 봐 온 입장에서는 그 친구의 생각이 어떤 것인지를 잘 알고 있는데 그렇지 못했던 기간에는 그 친구를 많이 오해했던 것 같다. 처음에는 소위 얼마 전 영화로 소개되었던 '아부의 왕'으로 추대를 해도 되지 않을까 하는 정도로 판단을 하였다.

그런데 한두 사람만을 위한 아부를 하는 게 아니었던 것이다 대부분의 선임 직원들을 대할 때 비슷한 행동들을 하고, 같은 공간에서 직장 생활을 하다 보니 조금은 그 친구의 직장 생활 철학을 좀 이해했다고나 할까? 선임들을 배려한다는 표현이 맞지는 않겠지만, 그 정도로 보필을 하고 하위 직원들에게는 배려를 해 주는 성격이었던 것이다.

살다 보면 아부라는 걸 해야 할 때가 있다. 뭐 대놓고 아부를 하는 게 아니더라도, 적당히 상대방의 기분을 맞춰주면서 원만하게 살아가는 것이 보통 사람들이 사는 방법이니까. 그런데 이것이 상대를 배려하는 것과 구분하기가 정말 모호한 경우가 많다는 것이다. 어지간히 눈살을 찌푸리게 하는 경우가 아니라면 또 손가락질을 하기에도 이상하다고 볼 수 있다. 문제는 직접적으로 누군가를 설득하기 힘들면 우회 방법을 이용하는 게 어떨까 싶다.

1939년도에 경제학자 알렉산더 삭스는 미국의 제32대 대통령인 루스벨트에게 아인슈타인을 포함한 몇몇 과학자들이 당시 나치 독일이 핵을 군사적 목적에 이용할 움직임이 보인다며 미국이 하루빨리 핵무기 개발을 할 것을 제안하는 편지를 전달하였다. 그러나 루스벨트는 처음에는 과학자들의 제안을 거절하였다고 한다. 그때 삭스는 아침식사를 같이 하는 자리에서 루스벨트를 설득하기 위해 나폴레옹 일화를 들려주었다.

영국과 프랑스의 전쟁 기간 동안 유럽대륙을 호령하던 나폴레옹은 유독 해상에서만은 고전을 하고 있었다. 이때 인류 최초로 증기기관을 장착한 철선을 만든 풀턴이 나폴레옹을 만났다. 그때 나폴레옹은 영국 본토를 침공할 계획하여 해군력의 강화에 심혈을 기울이고 있었는데 풀턴이 나폴레옹 황제에게 철선을 만들어 증기기관을 장착하면 당시 주력함이 범선인 영국해군을 단시간 내에 괴멸시킬 수 있다고 설명했다.

나폴레옹은 아시다시피 수학에 조예가 깊은 사람이었다. 그는 배에다 그 무거운 철판을 덧씌운다는 이론을 상식선에서 도저히 이해할 수 없었고 그래서 그는 풀턴이 사기꾼이라고 생각했다고 한다. 수많은 전함 즉 범선을 건조하여 그만하면 영국 해군과 한번 싸워 볼 수 있다고 생각한 나폴레옹은 프랑스 해군에게 출동 명령을 내렸다. 그러나 프랑스 해군은 영국 해군에게 트라팔가에서 참패를 당하고 이후로는 나폴레옹은 해군력으로 영국을 이길 생각을 하지 못하게 되었다고 한다.

이 이야기를 듣고 있던 루스벨트는 나폴레옹 시대의 프랑스산 브랜디를 가져와 잔에 가득 채우더니 삭스에게 건네며 "좋아, 자네가 이겼네! 적극 검토해보지."라고 하였다고 한다.

지독한 카리스마 앞에서는 누구도 오금을 저릴 수밖에 없을 것인데 자기주장을 펼치고 싶고, 자기주장이 옳다고 생각한다면 적절하게 모두가 '예'라고 할 때 '아니오'라고 할 수 있는 방법을 터득할 필요가 있다.

◆ 가족을 스승으로 삼아라

'멘토'라는 단어는 〈오디세이아 Odyssey〉에 나오는 오디세우스의 충실한 조언자의 이름에서 유래한다. 오디세우스가 트로이 전쟁에 출정하면서 집안일과 아들 텔레마코스의 교육을 그의 친구인 멘토에게 맡긴다. 오디세우스가 전쟁에서 돌아오기까지 무려 10여 년 동안 멘토는 왕자의 친구, 선생, 상담자, 때로는 아버지가 되어 그를 잘 돌보아 주었다. 이후로 멘토라는 그의 이름은 지혜와 신뢰로 한 사람의 인생을 이끌어 주는 지도자의 동의어로 사용되었다.

즉, 멘토는 현명하고 신뢰할 수 있는 상담 상대, 지도자, 스승, 선생의 의미이다. 멘토의 상대자를 멘티(mantee) 또는 멘토리(mentoree), 프로테제(Protege)라 한다.

멘토와 멘티의 관계는 살아가는 과정에서 자연스럽게 형성되기도 하고, 기업 등의 조직 안에서 인위적으로 활성화되기도 한다. 인위적으로 활성화되는 사례로는 대학생 귀향 멘토링제를 들 수 있다. 이는 도시와 농어촌 또는 계층 간 교육 격차를 해소하기 위하여 도입된 제도로서 교육대학·사범대학 재학생 위주로 대학생 멘토를 선발하여 해당 지역의 기초수급대상자나 소년소녀 가장, 조손(祖孫) 가정의 초등학생과 중학생의 교사 또는 상담자 역할을 하게 하는 것이다.

많은 직장 후배들에게 교제를 하든, 직장 업무를 하든, 운동을 하든, 어떤 행위를 하더라도 멘토가 필요하며 결혼하고 나서는 더욱더 멘토가 필요하다는 것을 알게 될 것이다, 라는 것을 말해왔다. 그러나 많은 사람들은 보통 자신의 이성교제나 직장 생활 등에 문제가 있을 때가 아니면 멘토를 찾지 않는다. 그리고 문제가 없다면 굳이 멘토가 필요하겠는가, 라고 말한다.

그러나 직장 생활에서 멘토가 필요하다는 것은 단순히 그들의 업무에 문제가 발견되기 때문이 아니다. 그들의 직장 생활에 멘토가 필요하다는 것은 그들의 직장 생활을 하는 중에 아무런 문제가 없을 때도 멘토를 찾아가 그냥 차 한 잔 마시고, 영화를 같이 보기도 하고, 술도 한잔하고, 때론 밥을 같이 먹기도 하고 그리고 그들의 직장 생활이나 살아가는 삶에 문제가 있을 때도 멘토를 찾아가 도움을 얻는 것이다.

과연 직장 생활을 하는 직장인 중에 이 사람이 내 멘토다, 라고 자신 있게 이야기할 수 있는 사람은 몇 명이나 될까? 아니 멘토가 있기는 한 것일까? 나는 과연 직장 내 그 누군가에게라도 멘토의 역할은 하고 있을까? 필자는 이제껏 살아오면서 멘토라고 할 만한 이는 몇 번을 만난 것 같다. 물론 그 멘토들의 고마움은 다 잊어버리고 그분들이 지금 언제 어디에서 살아가는지조차 모르고 지내는 현실이다.

누구나 그렇겠지만 필자의 첫 번째 멘토는 당연히 부모님이다. 세상에 태어나서 처음 대면한 모습들, 자식을 위해서라면 그 어떤 힘든 일도 마다하지 않으시고 늘 자식이 잘되기를 바라는 모습, 그 모습을 보며 내 인생의 기초를 다지게 했던 나의 첫 번째 멘토. 혜민 스님은 『멈추면 비로소 보이는 것들』에서 부모와 자식의 인연은 부모에게 은혜를 갚으러 나온 자식과 빚진 것을 받으러 나온 자식 두 부류로 구분된다고 한다. 도대체 어디에 속하는 것일까?

그 다음은 보통 선생님이리라. 요즘은 세상이 많이 바뀌어 선생님에 대한 존경심도 많이 퇴색된 듯이 느껴질 만큼 학교와 선생님에 대한 문제가 많이 거론이 된다. 필자 나이 또래의 시대를 산 사람들은 선생님에 대한 아릿한 추억 하나쯤은 가지고 있을 것이다. 필자도 한때는 그런 선생님을 본받아 국어선생님이 될까, 라고 생각하며 문예반 활동을 한 적도 있다. 그런 추억 때문에 이 시간에 글을 적고 있는지도 모르지만……

그 다음은 부부의 정을 나누며 살아가는 남편과 아내가 아닐까 한다. 필자의 경우는 아내를 내 인생의 멘토라고 생각한 적이 솔직히 한 번도 없었던 것 같다. 왜냐하면 필자와는 나이 차이가 많이 나기도 하지만은 얼굴이 동안이라 항상 어려 보였기에 내가 아내에게 뭘 배울 것이라고 생각한 적이 없었던 것이다. 그러나 시간이 흘러 결혼한 지 만 16년이 지나가는 이 시점에 생각해 보면 아내가 필자보다 훨씬 어른스러운 생각을 하고 오히려 가정을 이끌어 가고 있다는 생각마저 든다.

나의 뒷바라지를 하기 위해 직장 생활을 시작한 아내가 오늘 아침에도 어김없이 4시에 일어났다. 아침에 일찍 일어나는 습관을 가진 필자도 항상 5시면 잠을 깨는데 나의 아내는 아침식사 준비, 출근 준비로 아침 시간이 항상 부족하여 4시만 되면 어김없이 기상한다. 퇴근만 하면 녹초가 되어 있는 아내에게 이제껏 따뜻한 위로의 말 한마디 제대로 건넨 적이 없음을 솔직히 고백한다. 그런 아내가 나의 세 번째 멘토이다.

그 다음은 각자의 삶을 살아가면서 만나는 사람들 중에 분명 멘토는 있을 것이다. 특별히 멘토라고 명명을 하지 않았을 뿐이지.

필자는 직장 생활에서도 꼭 자신만의 멘토를 만들어 라고 조언을 해주고 싶다. 대부분의 직장인들은 멘토 인맥을 구축하고 유지하는 데 어려움을 겪는다. 멘토는 만드는 것도 어렵지만 만든 멘토를 유지하는 것은 당연히 더 어렵다. 자신이 존경할 만한 롤 모델이 되는 멘토를 찾고 도움이 되는 관계를 만들어 나가기 위해서는 세심한 주의가 필요하고 끊임없는 관심이 필요하기 때문이다.

필자가 다니는 회사에서는 멘토제의 장점을 알고 있어서 신입 직원이 입사를 하면 선임 직원들 중에 멘토 역할을 할 만한 직원을 선정하도록 하여 1년간 운영하도록 하고 있다. 처음에는 서로 어색하기도 하지만 선임 직원들의 경험을 후임들에게 어느 교육보다도 자세히 알려줄 수 있는 계기가 되기 때문에 좋은 호응을 얻고 있다. 자연스레 직장의 분위기 활성화에도 많은 기여를 하는 것 같다.

제6장

자산은
소유보다 관리

- ◆ 내 행복은 내 손에 달려 있다
- ◆ 나는 나 자신이 되기 위해 태어났다
- ◆ 다들 책 속에 길이 있다고 하잖아
- ◆ 인생은 꿈꾸는 대로 만들어진다

제6장

자산(asset)은 소유보다 관리
(자기만족의 허상에서 벗어나라)

　　　　개인이나 법인이 소유하고 있는 유형·무형의 가치가 있는
물건을 말하며 일반적으로 사용할 때는 재산과 같은 뜻으로 쓰이
며, 유형·무형의 물품과 재화나 권리와 같은 가치의 구체적인 실체
가 있는 것을 말한다.

　회계상에서는 자산을 자본이 구체적으로 존재하는 형태를 말한
다고 할 수 있으며, 이연자산(移延資産)을 포함하고 있다는 점에서
일반적인 우리가 부르는 재산이라는 개념보다도 범위가 넓다고 할
수 있다. 경제학에서 말하는 자본재는 자산과 개념이 거의 동일하
다고 할 수 있으며 자산은 기준에 따라서 분류가 여러 가지로 가능
하나 회계에서는 유동자산·고정자산 등으로 나누어진다.

　유동자산은 1년 이내에 현금화가 되는 가로 판단기준을 세울 수
있는데 그만큼 회전속도가 빠른 자산이라고 할 수 있고, 고정자산

이라고 하는 것은 기업 내부에서 장기간 사용하며 원칙적으로 1년 이내에는 현금화의 목적을 지니지 않은 자산을 말한다. 그만큼 현금으로 회전하는 속도가 느린 자산을 말한다.

우리가 살고 있는 세상은 엄청 빠르게 변하고 있다. 변화가 빨라 장기투자를 하기에는 많은 리스크가 존재한다. 장기 투자에서 손실이 나는 경우도 허다하다. 투자원가와 비교하여 손실이 난 것만이 손실의 전부가 아니다. 투자로 인한 기대수익 즉 목표수익을 달성하지 못한 것도 어떤 측면에서 보면 손실이라고 할 수 있다.

우리는 살아가면서 자기만족이나 자기관대화에 빠지지 말아야 한다. 그것은 어떤 측면에서 보면 허상일 수가 있다. 자기만족이나 자기관대화의 수준이라는 것이 물론 행복을 불러 오겠지만 눈높이의 문제가 있기 때문에 허상일 수가 있다는 것이다.

영업 파트에서 근무하시는 분들에게는 죄송스럽지만 예전에는 영업하시는 분들의 수익을 빗대어 앞으로 남고 뒤로 손해 본다고들 하였다. 이것이 자기만족의 허상일 수도 있는 것이다. 아무리 신중하게 투자를 하여도 자신의 의지대로 가지 않는 게 인생이다. 그럼에도 불구하고 우리는 충분하게 준비를 하고 연구하고 노력해야 한다.

◆ 내 행복은 내 손에 달려 있다

　　재산이란 인간들에게 사회적인 측면과 경제적인 측면에서 그 욕망을 충족시켜주기 위한 유, 무형의 수단이라고 할 수 있으며 개인, 단체, 국가에서 가지고 있는 경제적 가치를 가지고 있는 모든 물건을 말하며, 재산의 의미는 한마디로 금전적 가치를 가진 사물이며 개인이나 단체에 속하는 것이다.

　개인이 소유한 것을 사유재산이라고 하고, 국가가 소유한 것을 국유재산이라 하며, 토지 등과 같이 고정되어 있는 재산을 부동산, 움직일 수 있는 물건을 동산, 일정한 형태가 없고 정보가 담긴 재산을 지적 재산이라고 한다.

　자산이란 앞에 언급한 것을 간단히 말하면 현금, 상품, 건물, 비품 등과 같이 경영활동에 사용할 목적으로 기업이 소유하고 있는 재화와 채권 즉, 경제적 자원으로서 취득 시에 객관적으로 화폐 가치에 의해 금전적 대가를 받는 등의 수입이 발생하는 자산을 말한다. 선진국으로 갈수록 자산 분배율이 돈, 부동산, 주식 등에 고르게 나타나는 경향이 있다고 한다.

　즉, 재산은 현실적 이용성 내지는 그때그때 돈으로 바꿀 수 있는가의 여부에 따라 그 가치가 달라지는 것으로, 동산·부동산·채권·유가증권 등을 포함하는 개념이다. 따라서 재산은 현실적으로 이용 가능성이 있는지의 여부에 따라 그 가치가 있고 없음이 결정된다. 개인적 재산이라고 한다면 여러 가지가 있을 것이다. 한 번쯤 생각해 보면서 인생을 살아가야 하지 않을까 한다.

사람은 몸과 마음을 불가분의 관계로 유지하고 있다. 사람이 몸과 마음이 있듯이 재산도 물질적인 재산과 정신적인 재산이 있을 것이다. 움직일 수 없는 재산을 부동산, 움직일 수 있는 물건을 동산, 형태가 없고 정보가 담긴 재산을 지적 재산이라고 하였다.

최근엔 대한민국의 부동산시장에서 입지만 좋으면 고가 주택도 잘 팔리던 시대는 끝났다고 한다. 이러한 부동산 불황시대엔 토지시장이 높은 수익률을 올릴 수 있는 최적의 투자처가 된다고들 하는데 이럴 때 나오는 토지와 주택이 부동산이라고 할 수 있다. 부동산 외의 물건은 모두 동산이다. 따라서 관리할 수 있는 자연력도 동산이다.

지적재산은 유형적 실체는 없으나 인간의 창작적 노력에 의하여 또는 경영적 활동에 의하여 창출되는 지적 활동의 산물로서 재산적 가치를 가지는 것이라고 할 수 있을 것이다. 따라서 재산은 일반적인 개념이고 자산은 회계학에서 사용하는 용어로서 경영활동이 수반된 개념이라고 할 수 있다. 일반적으로 가진 것을 이야기할 때는 재산이라고 하겠지만 개인의 인생을 하나의 경영활동으로 생각하고 살아간다면 재산과 자산의 의미는 큰 차이가 없을 것으로 생각된다.

나의 자산은 무엇일까? 금전적인 수치도 세상 살아가기에는 중요하지 않다고는 할 수 없지만 굳이 언급할 필요성을 느끼지 못하고 있다. 그렇다면 비금전적인 것은 무엇을 가지고 있을까? 독자 여러분들도 각자 한 번쯤 생각해 보는 것도 나쁘지는 않을 것이다.

필자의 자산으로 볼 만한 것을 나열해보면 가족, 친구, 직장 동료, 선후배 등은 누구나 당연시하는 기본이 될 테고, 그 이외에 다음의 것들을 나열해 봤다.

(+) 정신적인 재산

◇ 개척은 어렵지만 의미는 충분히 있다는 것을 알고 있다.

◇ 도전하면 언젠가는 성취할 수 있다는 것을 알고 있다.

◇ 꿈을 현실로 만들려는 열정이 있다.

◇ 피나는 노력을 한 경험이 있다.

◇ 한 번 더 도전할 의무가 있다는 것을 알고 있다.

◇ 자원봉사가 가능한 몸과 마음이 있다.

◇ 실패를 빨리 털어버리는 마음이 있다.

◇ 나머지 인생은 멋진 인생이 될 거라는 믿음이 있다.

(-) 정신적인 재산

◇ 리더십이 부족하다.

◇ 재치, 유머가 별로 없다.

◇ 순수한 마음이 갈수록 없어지는 것 같다.

◇ 인생의 우회로가 자꾸 생각난다.

◇ 강의능력(발표능력)이 현격히 떨어진다.

◇ 효도를 못 하고 있다.

◇ 넓지 못한 인간관계로 사는 모양새가 다양하지 않다.

◇ 대범하지 못하다.

처음에 나열해 보려고 하니 무엇을 적어야 할지 막막하더니 적어 나가기 시작하니 (+, -) 정신적인 재산이 그런대로 적을 만하게 나오고 있다. 아마 독자들도 적어보면 끝없이 나올 것이라 생각한다. 생각보다 나의 (+, -) 정신적인 재산이 이렇게 많았나, 하는 것을 알 수 있을 것이다. 이제부터 우리가 할 수 있는 일은, 해야만 하는 일은 (-) 정신적인 재산을 줄여나가거나 (+) 정신적인 재산을 늘려나가거나, 아니면 (-) 정신적인 재산을 줄여나가면서 (+) 정신적인 재산을 늘려 나가는 것이다.

사실 어느 것 하나만 해도 쉽지는 않을 것이다. 그런데 문제는 나이가 어릴수록 더 이루기 쉬울지도 모른다는 생각이 드는데 이미 지나간 세월은 놔두고 흘러가는 세월에 몸을 자연스레 맡기며 하나씩 고쳐나가는 삶을 사는 게 나의 인생 자체를 풍부하게 만드는, 자산이 가득한 행복한 인생이 되지 않을까 한다.

필자는 가족력뿐만 아니라 본인의 식습관으로 인해 고혈압을 가지고 있다. 처음에 병원에 갔을 때 의사 선생님이 "운동을 하셔야 합니다." 했을 때 필자가 의사 선생님에게 내가 "이렇게 바쁜데 운동할 시간이 언제 있습니까?"라고 반문을 한 적이 있다.

후에 다시 떠올려 생각해보니 참으로 어리석은 발언이 아닌가? 의사 선생님은 바른 길을 제시를 했을 뿐인데, 하고 안 하고는 본인의 의사에 달린 것을 오히려 못 할 수밖에 없는 변명을 늘어놓고 있었으니! 변명을 한다고 무엇이 바뀔 수가 있는가? 의사 선생님에게 이해를 해달라는 이야기인가? 의사 선생님이 이해를 하면 병이 낫는단 말인가?

인생의 다른 면들도 마찬가지다. 힘든 일과 복잡한 일, 머리 아픈 일, 이 모든 일들이 정리가 되고 나면 뭔가를 시작하겠다고 하는 것은 참으로 어리석은 일이다. 지금 시작하지 않지 않고 못 하는 이유나 변명을 늘어놓은 것이 건강하게 사는 길을 제시하는 의사 선생님에게 그렇게 못 하는 이유나 대고 있는 꼴과 무엇이 다른가.

운동을 매일 꾸준히 해야 그 효과가 있듯이 매일 매일 일정한 시간을 정해 놓고, 아니면 매일은 안 되더라도 매주에 한 번은 자신을 위한, 자신의 자산을 보유하기 위한 시간을 가져보라는 것을 강조하고 싶다. 시간을 어떻게 활용할지는 본인의 손에 달려 있다. 스스로에게 주어진 시간을 충분히 계획하고 활용하기를 바란다.

가치혁신을 위한 자기경영비법

◆ 나는 나 자신이 되기 위해 태어났다

요즘은 재능이라는 단어를 쉽게 접하게 된다. 매체의 영향이 크겠지만 각종 분야에서 재능을 보이는 어린이를 소개하는 프로그램이 많아지면서 우리 아이들의 숨겨진 재능을 발견하려고 노력을 많이 하는 것 같다. 한편으로는 재능이라고는 눈곱만큼도 찾을 수 없는 필자가 한심스럽게도 어떤 조그마한 재능이라도 있을까 찾아보게 된다.

필자의 경우도 마찬가지지만, 여느 부모들처럼 어른들의 눈으로 아이들을 대하는 게 아닌가 하는 생각이 간혹 들곤 한다. 재능이라는 것도 사실 재능이라는 것을 파악할 눈도 가지지 못한 어른이 아이들을 바라보고 있으니 가지고 있는 재능을 찾을 리가 만무한 것이다.

그러면 재능이 없는 부모가 재능을 가진 우리 아이들의 재능을 발굴할 수 있는 방법이 무엇일까? 재능을 발굴하는 방법이라기보다 평상시 아이들을 사랑스러운 눈으로 지켜보는 여러 가지 관점들을 나열해 보면 그게 재능 발굴 방법이 아닌가 한다.

먼저 아이들의 성격이나 좋아하는 것을 파악해야 한다. 아이들의 성격이나 성향을 무시한 채 부모들의 욕심으로 아이들의 생각과는 반대의 욕심을 부린다고 하면 부작용만 초래될 뿐이다. 요즘은 어느 단체를 가더라도 상장을 남발하는 것 같다.

필자의 아이들도 초등학교에 들어가면서부터 학교, 미술학원, 피

아노학원, 합기도 도장 등에서 여러 가지 상장을 받아 오기에 잘하는 줄 알았는데 후에 참석해서 보니 참가상과 거의 진배없이 상장을 주는 것을 보았다. 물론 부작용일 수 있지만 한편으로는 상장을 받았다는 경험이 중요해서 주는 것이라 생각하면 나름대로의 이유는 될 것 같다. 유년 시절의 좋은 경험은 긴 인생을 살아가면서 소중한 힘이 될 수 있기 때문이다.

그리고 필자의 경우는 어릴 때부터 아이들의 통장을 만들어주고, 용돈이나 친지들에게 받은 세뱃돈 같은 것을 저금도 할 수 있게 해주었다. 물론 중간에 필자가 긴급히 필요할 때는 인출해서 쓴 적도 있었지만, 필자가 아이들에게 이렇게 하는 이유는 관리의 필요성을 아이들에게 느끼게 해주고 싶고 돈의 유용성도 알게 해주고 싶어서였다. 자기 자신의 형편을 관리할 수 있게 하자는 것이다.

또 다른 방법은 이왕이면 다홍치마라는 것이다. 같은 값이나 노력을 들일 바에는 좀 품질이 낫거나 보기에 좋은 것을 고른다는 의미이다. 사무실에서도 마찬가지로 용모를 단정히 하는 직원과 그렇지 않은 직원들은 이미지에 큰 차이가 있어 보인다.

조직 내에서 좋은 인상을 가지면 다른 사람보다 좀 더 많은 기회가 주어질 확률이 높다고 할 수 있다. 긍정적인 이미지는 대외 관계를 넓혀서 성공의 발판이 될 수 있지만 부정적인 이미지는 자신의 인생을 스스로 방해하는 영향을 미치기도 한다.

또한 칭찬을 많이 해주어야 한다고 본다. 확실히 아이들은 칭찬에 약한 면이 있다. 어른들이야 상대방이 그런 칭찬을 하면 색안경을 끼고 볼 수도 있겠지만 아이들은 그렇지가 않다. 있는 그대로를 받아들이는 것이 아이들의 장점이기 때문이다. 여러 가지 중에서 조금 나은 것을 찾아보고 칭찬을 아끼지 않아야 할 것이다.

재능발굴에 앞서 필자가 최고로 생각하는 것은 인간성으로 성공하는 세상이 온다는 것을 알고 살아야 한다는 것이다. 분명한 것은 세상에는 똑똑한 사람이 넘쳐나지만 어느 분야에서건 인격적으로 훌륭한 사람이 능력 있는 사람보다 더 주목을 받고 있다는 것이다. 우리 아이들은 뛰어난 사람인 동시에 훌륭한 사람이 될 수 있도록 키워야 할 것이다. 우리 아이들의 재능을 발굴하는 방법을 나열하려면 이외에도 수없이 많겠지만 결국은 사랑으로 아이들을 지켜보다 보면 답이 나올 것이라 생각한다.

아이들의 재능을 발굴하는 것은 그렇다고 치고 문제는 아이들의 재능을 발굴하는 눈을 가지지 못한 어른들의 재능은 어떻게 발굴할 것인가 하는 것이다. 나의 재능은 무엇인가? 내 재능이 도대체 뭐꼬?

독자 개개인의 입장에서 보면 어릴 적부터 하고 싶은 일이나 관심 가는 일들은 상당히 많았을 것이다. 그런데 시간이 지나감에 따라 이런저런 이유로 이루지 못하겠다고 생각되는 것들을 하나하나씩 뇌리에서 지워 나가기 시작 했을 것이다.

그러다 보니 이제 남은 것은 거의 없는 상태로, 살아가는 일에 급

급해서 다른 일들은 생각조차 할 여유가 없어져 버린 것은 아닐까? 그렇기 때문에 그런 인생을 살지 않기를 바라는 마음에서 자녀들에게 더 매달리는 것은 아닌가 생각해 본다.

유명 아나운서가 뉴스를 거침없이 진행하는 것을 보며 나에게도 아나운서의 자질이 있을까 생각해 보고, 고독한 길을 걸어가는 산악인의 모습을 보며 괜시리 등산도 해보고, TV에 나오는 배우들의 애절한 연기를 보며 나도 학창 시절에는 연극도 해 보았는데, 하는 생각을 하게 될 것이다. 결국에는 재능을 찾는다는 것은 동경하고 있던 것들에서 찾을 수밖에 없을 것이다.

다만 동경하던 것들 중에서 포기할 것 포기하고 그나마 가능성이 있는 것 중에서 찾아서 노력을 해보는 수밖에 없다. 그런데 참으로 안타까운 것은 본인이 평생 어느 것에 참다운 재능이 있는지 전혀 알지 못한 채 유명을 달리하는 분들이 대부분일 것이라는 것이다. 왜냐하면 재능이 뭐가 있는지 시도해 본 일이 없는 세대이기 때문이다. 또 설사 조그마한 가능성을 발견했다손 치더라도 노력을 하고자 하는 마음이 없어질 나이일 수도 있고, 직장 생활에 찌들다 보면 살아가는 게 힘이 들어서 다른 생각할 겨를이 없을 수도 있기 때문이다.

필자의 경우도 이런 글을 적을 것이라고는 태어나서 지금껏 한 번도 생각해 본 적이 없었다. 그런데 막상 글을 적어 보려고 마음먹고 나서의 지금은 글을 적는 이 순간이 참으로 행복한 시간 중의 하나이다. 직장 마치고 가정에 돌아와서 가족들과 식사를 한 후에 서재에 와서 2~3시간 글을 쓰는 게 참으로 행복한 기분을 느끼게 해 주고 있다. 이런 시간을 가져야 하루가 마감이 되는 듯한 느낌을 느낄 정도이다. 이게 재능인지 그냥 시간 낭비하는 건지는 알 수 없지만 재능 테스트라고 치부하더라도 의미는 있다고 할 수 있을 것이다.

독자들도 마찬가지다. 관심을 가지고 삶을 돌아보면 분명 취미를 뛰어넘을 만한 숨겨진 재능은 분명 있을 것이고, 발견만 하면 또 다른 인생이 눈앞에 펼쳐질 수도 있을 것이다. 어차피 사는 인생 금전적으로나 정신적으로나 풍족까지는 아니지만 조금의 여유는 가지고 볼 일이다.

◆ 다들 책 속에 길이 있다고 하잖아

'근대철학의 아버지'라 불리며, 합리주의 철학의 길을 열었던 데카르트는 "좋은 책을 읽는다는 것은 과거의 가장 훌륭한 사람과 대화하는 것이다."라고 말했다. 또 초등학교 선생님들로부터 귀에 딱지가 앉을 정도로 많이 들었던 이야기가 "책 속에 길이 있다."이다.

세상에는 수많은 책이 있어서 세상 살아가는 사람들의 생각과 사상, 문화 그리고 역사가 들어 있다. 필자의 경우도 책을 통해 필자의 경험을 후배들과 나누고 책을 통해 필자의 생각이나 가치관들을 이야기하고자 하는 것이다.

책을 많이 읽으면 마음의 양식을 먹는다고 하는데 마음의 양식이라고 하는 게 결국은 개인의 인격이라고 할 수 있다. 결국은 책을 많이 읽어야 인격 형성이 올바로 될 수 있음을 알 수 있는 것이다. 필자의 경우는 인격까지는 잘 모르겠고 다만 여러 분야의 지식을 접할 수 있다는 것이다.

최근에는 인터넷을 통한 지식들을 공유하는 경우가 많기 때문에 생각하는 게 거의 획일화된 듯한 느낌이다. 거의 같은 기사를 보고, 거의 같은 생각을 하고, 지식에 깊이가 느껴지지 않는 시사성의 이야기를 하고 있어서 개인 개인의 차별화가 안 되어 보인다. 시대적인 상황이라 치부를 하고는 있지만 왠지 획일화된다는 느낌이 들어 씁쓸한 생각을 지울 수 없다. 자기 성찰이 필요하고 본인의 내면을 살펴보는 것 또한 필요하지 않을까.

책을 읽으면 지식이 늘어나는 것은 당연하다. 한 번 읽고 지나갈 수 있는 책도 많지만 전문적인 지식이 담긴 책들도 엄청 많기 때문이다. 전문적인 지식을 얻기 위해서는 당연히 책을 봐야 되겠지만 인문학 부류의 책은 상당히 멀어진 느낌이다. 풍부한 인생을 살기 위해서는 풍부한 감성이 가득 담긴 책을 부지런히 많이 읽어야 다채로운 감성을 느낄 수 있다.

책 속에는 인생 선배들이 살다 간 길이 있고,

책 속에는 부부간의 애틋한 사랑이 있고,

부모와 자식 간의 사랑이 있고,

책 속에 우리들의 미래가 있고,

책 속에 아름다운 노래가 있고,

책 속에 못다 이룬 사랑이 있고,

책 속에는 살아가는 방법이 있고,

책 속에는 행복이 있고, 도덕이 있고,

우리가 알고 있는 어떤 단어도 책에는 다 있다. 책을 많이 읽고, 적게 읽고, 좋은 책을 읽고, 나쁜 책을 읽고는 문제가 아닐 것이다.

책을 읽기 전 사람의 인격이 어떤 상태인가가 중요한 게 아닌가 생각해 보게 된다. 사물을 보더라도 보는 사람의 관점에 따라 사물이 달라 보이는 경우와 마찬가지로 같은 책을 읽더라도 어떤 마음가짐, 어떤 인격을 가진 사람이 읽느냐에 따라 달리 해석을 할 수 있기 때문이다.

책을 읽는다고 모두 다 뛰어난 사람이 되는 것은 당연히 아니다. 그러나 뛰어나기 위해서는 당연히 좋은 책을 읽어야 한다. 어릴 때 배웠던 필요충분조건이다. 사람은 환경에 영향을 많이 받기 때문에 어떤 책을 잘 골라 읽는가가 인생의 행로를 결정하는 데 중요한 길잡이가 되어 줄 것이다.

필자의 경우에는 책을 꾸준히 읽어온 기억은 별로 없다. 단순히 베스트셀러라고 하는 책들은 간혹 읽어보곤 했던 기억밖에 없다. 그러나 필요에 의해서 한 분야를 계속 접하다 보면 여러 장르의 책도 눈에 들어오는 경우라 하겠다.

요즘 우리 아이들이 시간이 흘러 나이가 들어감에 따라 나를 어떤 아빠로 생각할까, 라는 생각을 많이 한다. 어릴 때 아이들의 눈에 보이는 부모는 세상 모든 것을 다 할 수 있는 존재라고 생각할 것이다. 원하는 것을 이루게 해주는 분들이었으니까. 열다섯이 된 필자의 아들 눈에 아직 그런 아빠로 남아 있을까? 아마 그렇지는 않을 것이다. 요즘은 애들이 배우는 속도가 너무 빨라 도저히 애들 학업 하는 것을 필자의 능력으로는 알 수가 없다.

아들놈 눈에는 중학교 2학년 문제도 제대로 못 푸는 아빠일 수도 있다. 그런데 이놈이 아마 대학을 가게 되면 시대에 너무 뒤떨어지는 아빠라고 같이 이야기하기를 꺼리는 정도까지 가게 될 수도 있을 것이다. 물론 지금의 필자 나이처럼 어느 정도 인생을 살면 그렇게 시대에 뒤떨어진다고 생각해서 대화하기를 꺼렸던 우리 부모님들의 세상 경험, 삶의 지혜를 알게 될 것이다.

이제는 계절이 바뀌는 시기가 올 때마다 부모님의 건강이 걱정되는 나이가 되어 버렸다. 다행히 아직 건강한 모습으로 계시지만 언젠가는 헤어지는 시기가 올 텐데…. 자주 뵙지는 못하지만 같은 하늘 아래 같은 공기를 호흡하고 있다는 사실이 아직 철없는 자식에게는 크나큰 위로가 되고 있다. 진즉에 부모님의 인생을 돌아보고 얼마나 훌륭하게 인생의 파고를 헤쳐 나오셨는지 미리 알지 않으려고 했던 것이 후회가 된다.

아이들이 커가는 과정에서 우리가 구시대적인 인물로 치부돼서야 되겠는가?

꼭 그래서만이 아니라도 자기 계발을 하는 과정으로 정진을 한다면 본인뿐만 아니라 자녀에게도 언제나 모범이 되는 부모가 되지 않을까 한다.

◆ 인생은 꿈꾸는 대로 만들어진다

경제학 측면에서 경험적 연구 결과를 보면 기업투자는 이자율보다는 장래 수요와 이윤에 대한 기업가의 예상, 그리고 생산기술의 변화와 자본 노동의 상대적 비용에 대한 예상 등에 의해 크게 영향을 받는 것으로 나타난다. 투자는 경제의 생산능력을 제고시키기 때문에 경제성장에 있어서 중요한 요소이다.

개별투자자의 관점에서 보면 투자자는 생산수단에 대한 투자와 금융자산에 대한 투자로 볼 수 있다. 개별투자자에게는 두 유형 모두 금전적인 이익을 가져다주겠지만 국민경제적 관점에서 보면 금융자산 투자는 단순이 소유권의 변경에 지나지 않기에 생산수단에 대한 투자가 중요하다고 할 수 있다.

투자를 하라고 하면 대부분의 사람들은 주식이나 토지 등 돈에 관련된 것을 대부분 떠올릴 것이다. 또 요즘은 얼굴 투자, 몸매 투자 등도 떠올릴 수 있다. 이렇듯 투자가 많은 세상에서 미래를 위한 인생에 투자는 어떤 게 있을까?

필자의 경우에는 어려운 가정형편으로 인해 우수한 성적을 뒤로 하고 일찌감치 사회에 뛰어 드는 게 낫겠다는 생각으로 상업고교로 진학을 했다. 세상사는 것이 마음대로 되지 않고 생각대로 되지 않는다는 것을 많이 느끼면서 청소년 시기를 지냈던 것 같다.

많은 방황의 시기를 의미 없는 행동을 하면서 지나다 보니 손에 아무것도 가진 게 없다는 생각을 하면서 앞으로의 세상은 고졸로서는 한계가 있다고 생각하여 대학 진학을 했지만 등록금을 대줄 형편이 못 되는 부모님 생각에, 방학 때는 직장인과 같은 정도의 돈벌이를 항상 했었기 때문에 학문과는 일찌감치 거리가 멀었다.

우여곡절 끝에 직장에 다니게 되었고 회사에서 일을 하면서 공부는 싫든 좋든 계속해야 한다는 생각을 하게 되었다. 그리고 한 해 한 해 직장 생활을 하면서 뭔가 수익률이 높은 곳에 투자를 해야 한다는 생각을 하게 되었다. 여러 고민을 하던 중에 미래를 위하여 내 자신에 투자를 하는 것이 그 당시 위치에서 할 수 있는 최선의 투자이고 최고의 수익을 가져올 것으로 생각했다. 최소한 10년은 투자하자는 마음으로 미래의 인생에 대한 투자를 시작했다.

항상 느끼지만 인생에 대해 중요한 뭔가를 결정할 순간, 나의 곁에 내 판단에 대한 조언을 해줄 조력자가 있었더라면 하는 아쉬움이 많이 남는다. 그러한 심정을 이해하기에 필자는 이 글을 적고 있는지도 모르겠다.

직장에서 퇴근하고 나서 야간에 대학원을 다니기 시작했고, 석사과정을 마치고 나서는 자격증 공부에 또 1년여정도 시간투자를 하고 나서, 엄두도 낼 수 없었던 높은 산이라고만 느꼈던 경영학 박사과정을 시작했다. 그것도 두 번의 재수 끝에 입학을 하였다. 사실 일반 직장 생활을 하면서 박사과정을 한다는 자체가 말 그대로 무리였다. 기초 지식이 많이 부족하였기에, 주말을 꼬박 논문 연구나 번역을 위한 학업에 집중을 할 수밖에 없었다.

그래서 지금도 필자는 그 길고 긴 시간 동안 묵묵히 우리 아이들의 뒷바라지하며 양가 부모님을 보필하며 나의 걱정을 덜어주기 위해 무던히도 애썼던 아내에게 감사의 마음을 가지고 있다. 지금은 그 아내가 새로운 인생을 위해 대학교에 다니고 있다. 가정주부로서, 직장인으로서, 아이들의 엄마로서, 며느리로서 쉽지 않은 선택을 한 것 같다. 그러나 필자의 생각은 항상 이것이 옳다, 라고 판단을 하고 있기에 오히려 어려운 선택을 해 준, 필자 휴대전화의 아내 별명인 '아이시떼루' 내 아내에게 감사의 말과 그 선택을 한 용기에 박수를 보낸다.

물론 지금도 필자는 이제 사춘기에 들어서는 우리 둘째 예쁜 딸내미와 같이 밥을 챙겨서 먹고 설거지를 빨리 끝내고 서재에 앉아서 글을 적으며 아내가 귀가하여 편안한 밤을 보내고 힘을내어 새로운 내일을 시작했으면 하는 생각을 해본다.

지금은 남들이 보기에는 어느 정도의 자격을 갖췄다고 볼 수도 있고, 그렇게들 많이 이야기도 하고는 있지만 아직도 많이 부족한 것을 느끼고 있고, 미래를 위해, 찬란한 우리 인생을 위해 또 다른 무엇을 준비해야 하나, 하는 고민에 휩싸여 있다.

대부분의 일반적인 생각을 하는 사람들이라면 누구나 아름답고 행복한 자신의 삶을 살고 싶어 한다고 본다. 또 그렇게 살려고 노력하지만 현실은 참으로 암담한 경우가 많을 것이다. 경제적으로 여유가 많으면 지금보다는 훨씬 나은 삶을 살지는 않을까 싶어 여러 가지 일들을 하지만 막연한 미래가 앞에 버티고 있어 앞으로 나가지도 뒤로 물러서지도 못하며 하루하루 스트레스만 쌓여 갈 뿐이다. 결국 시간만 낭비하다 아름다운 인생을 위한, 행복한 인생을 위한 투자는 시작도 못하고 매년 다짐만 하는 사람들이 많이 있다.

필자가 후배들에게 하고 싶은 이야기는 앞으로의 인생이 어떻게 전개될지는 모르겠지만 일단은 인생을 위해 투자를 해야 하고 적어도 투자까지는 아니더라도 성실한 삶이라도 살아야 한다고 말하고 있다.

『슈퍼 엑셀런트한 삶을 추구하는 아름다운 인생, 행복한 투자』의 저자 이만섭 님의 책 속에 좋은 글이 있어 소개하고자 한다.

"스스로 알을 깨고 나오면 병아리가 되지만, 남이 깨면 계란 프라이가 된다."

나는 병아리가 될 것인가? 아니면 인생을 살아보기도 전에 계란 프라이가 될 것인가? 알을 깨는 고통이 크다고 하지만 어떻게 보면 살아가는 최소한의 기본적인 고통이 아닌가 한다.

기업의 투자자산은 정액법이든, 정률법이든, 감가상각을 하게 된다. 그 말은 세상 모든 투자에는 현재가 잘 운용되고 있는 투자자산이라고 하더라도 언젠가는 그 잔존가치가 다할 때가 온다는 뜻이다. 그것의 중심에는 시간이라는 것이 있다. 시간이 흐르면 자동으로 감가상각을 당하게 되어있다는 뜻이다. 그러면 흐르는 시간을 소모성이 아닌 생산으로 전환을 해야 하는데 그것이 새로운 투자라는 것이다. 급격히 변하는 세상의 흐름 속에서 정년이 없는 자신만의 일을 가져야 하는 것은 시간이 흐를수록 선택이 아니라 필수라고 해야 할 것이다.

타인에 의해 잔존가치가 줄어드는 것을 계속 보고만 있을 것인가? 물론 잔존가치가 없는 기계도 아직 생생하게 돌아가는 것도 있을 것이다. 그러나 대부분의 상각기간을 정하는 것은 일반적인 평균수명이라고 할 수 있다. 만기가 되지 않은 자기 인생을 평균수명 이상으로 기능을 발휘할 것이라고 착각을 하며 새로운 투자를 하지 않은 간 큰 사람은 도대체 어떤 사람인가? 미래를 위한 투자를 올바르게 배운다는 것은 인생에 있어서 그 순간의 판단으로 인생 전체를 꿰뚫어보는 것에 대한 학습이라고 할 수 있다.

인생이라는 망망대해에서 '거친 물살을 거슬러 항해를 할 것인가? 표류를 할 것인가?'의 선택이라고 할 수 있다. 목적지가 보여도 표류를 하는 이상은 그 목적지에 다다를 수 있는 힘이 없다. 목적지가 바로 코앞인데도 힘이 없는 것이다. 전진하다가 힘이 떨어져 잠시 표류를 할 수도 있지만 다시 힘을 내어 목적지에 다다를 수 있게 해야 하지 않겠는가?

제7장

자산의 현실은 시가(market price)다
(한 번 실수는 인생에 작은 먼지에 불과하다)

자산을 새로 평가하는 평가법의 하나로 기업자산의 평가 기준을 현시점의 가격으로 하려는 회계이론상의 방식이다. 재고자산의 평가방법 중 하나로, 사업연도 종료일 현재 그 재고자산을 취득할 때의 정상가액으로서 재고자산을 시가에 의해 평가하는 방법이다.

회계적으로 기말에 평가의 기준에 따라서 재고자산의 재조달 시가를 그 평가액으로 하는 매입시가법과 재고자산의 기말판매시가를 그 평가액으로 하는 판매시가법이 있다.

재고자산의 평가에 있어 시가법을 채용하면 사업연도 중에 재고자산의 시가는 등락을 하는데 그 등락에 의한 실현되지 못한 손익이 모두 손익에 반영되는 결함이 있다. 그래서 시가는 원가주의와 상반되는 개념이며, 아무래도 일반적인 상황보다 가격변동이 심한 경제상황하에서 채택되는 방식이라고 할 수 있다.

시가주의를 채택했을 때 장점은 대차대조표에 나타나는 자산의 평가액이 그 시점의 실제가격을 반영하는 평가액으로서 현재의 실질적인 재산 상태를 표시한다고 할 수 있으며 개별자산에 대한 가격변동의 영향을 손익계산서 상에서 분리하여 파악이 가능하다는 점 등이 있다. 시가주의 평가는 절차상에 있어 번잡함과 구식의 회계사고방식에 입각하는 방식이라 하여 현대 회계학에서는 인정되지 않고 있다.

현재 일부국가에서 시가주의회계가 채택되고 있다. 우리나라 상법에 자산의 평가방법은 원가주의를 채택하여 자산의 가액은 그 자산의 취득원가를 기초로 하여 계상함을 원칙으로 하게 되어 있다. 다만 예외적으로 시가가 취득원가보다 현저하게 낮을 때는 시가를 인정하고 있다. 보수적인 관점의 회계처리로 흔히 쓰이는 방식이다.

뛰어난 프로야구 선수도 잘하다가도 슬럼프라는 게 찾아오기도 한다. 그 어려운 시기를 잘 빠져 나오는 선수도 있고 장시간 침묵하는 선수도 있다. 좌절을 겪게 되면 우리는 본인의 뜻대로 되지 않는 힘겨움을 느끼게 된다. 좌절이라고 하는 것은 본인에게는 심한 모멸감과 수치심을 느끼게 하고, 본인이 속해 있는 조직에서는 소외감마저도 들게 한다. 그러나 그런 좌절에서도 무엇인가를 배울 수 있다면 어지간한 성공보다 더 나을 수도 있다.

좌절에 대한 두려움 때문에 목표를 포기하거나 도전하지 않는 인생은 그야말로 실패한 인생이다. 한 번의 실수로 본연의 원가보다 가치가 현저히 떨어진 당신이라도 새로운 각오를 다진다면 재도전의 가치와 성취하는 기쁨을 맛보게 될 것으로 확신한다. 이것이 예외로 인정하는 시가주의인 것이다.

◆ 일에 빠져 살기보다 일에 들어가 살기

성경에서도 인간의 일과 관련된 내용은 많이 나오지만 그 중에서도 출애굽기의 내용을 보면 하나님은 사람들을 향해 열심히 일하기를 강조하셨다는 것을 알 수 있다. 엿새 동안은 힘써 네 모든 일을 행할 것이나 안식일(지금은 주일이라고 하지만)을 거룩히 지키고 그 외에 6일 동안은 우리들이 맡은 일을 최선을 다해서 하라고 하였다.

물론 조금 아쉬운 점은 그 당시 주 5일제를 언급하셨다면 지금쯤 주 4일제를 하고 있지 않을까 하는(^^) 쓸데없는 생각도 해보지만 결국 하나님은 힘써서 열심히 일하기를 우리들에게 말씀하셨다는 것이다.

예부터 전해오는 우리나라 문화에서는 일이 놀이로 승화되는 경우가 많다. 예를 들면 두레의 경우 일의 시작에서부터 끝날 때까지 마을 사람들이 집단적으로 일하고 같이 놀고 하는 것이다. 놀이는 일을 수행하는 도구가 아니라 일 자체가 놀이이며, 문화 형성적 성격을 지니고 있다. '일한다'는 것은 행위주체의 생산적·재생산적 활동 과정이다.

그런 활동 과정 속에서 인간의 존재감이 형성된다고 한다. 따라서 일은 극단적인 형태의 강제노동을 제외하고 모든 형태의 노동에 포함되어 있다. 노동행위, 수위를 조절해야 하는 것은 기본적으로 생산력의 발전 때문이다. 생산력은 농경과 목축 활동을 연결하면 더욱 발전한다고 하며, 가축은 쟁기를 끌거나 물자를 운반하는 등 노동수단으로 이용되고, 생물을 도구로 사용하는 일이 사회적 부(富)의 원천이 된다고 표현하고 있다.

즉 인간은 일상생활 속에서 늘 일과 더불어 활동하고 행동하지 않으면 살아갈 수 없는 존재인 것이다. 욕망을 채우고 즐거움을 같이 공유하며 생존해 나가기 위해서는 어쩔 수 없이 일하지 않으면 안 되는 존재인 것이다. '일'이란 크게 보면 '활동'이며, 이는 신체적 활동뿐만 아니라 당연히 두뇌 활동 및 정신 활동을 포함하고 있다 결국, 인간은 일을 하면서 개인의 사회적 지위와 자아 만족, 사회적 접촉 등이 결정된다고 봐도 무방할 것이다. 어쩔 수 없이 일을 해야 하는 게 인간의 숙명이라면 어떻게 해야 할 것인가?

필자도 후임들에게 열심히 일을 할 것을 권유를 하고 있다. 그 권유하는 이유 중 하나는 솔직히 필자도 조금은 편해지려고 하는 이유도 있다. 그러나 실제 필자가 후임들에게 권하고 싶은 내용은 일에 절대 빠져 살지는 말라는 것이다. 다르게 이야기한다면 일에 들어가 살라는 것이다. 얼핏 들으면 말장난하는 것 같지만 분명 큰 차이는 존재한다고 봐야 할 것이다.

현역에서 퇴임을 하는 많은 선배들을 봐 온 필자는 참 안타깝게 생각되는 선배들도 있다. 가지고 있는 열정은 40대 못지않은데 제도적 굴레의 한계를 벗어나지 못해 어쩔 수 없이 남들 가는 길로 가는 선배들, 밤낮을 구분 없이 직장에 매여 사느라 소위 회사 중심형 인간인 선배들도 있었던 것 같은데 하나같이 아쉬워하는 것이 있었다. 그것은 회사 중심형 인간으로 살다 보니 남들 가지고 있는 변변한 취미 하나 가지고 있지 않다고 하는 것이다. 그중 어떤 선배는 회사에 충성하다 회사를 원망하며 떠나는 선배들도 있었다.

일에 들어가 살아야 하지 않을까? 일에 빠져 살면 일에 허우적거리다 정신을 차릴 때 쯤 회사를 떠나야 할 나이가 되지 않을까, 한 번씩 생각을 해본다. 정년이 되든, 정리해고를 당하든, 언젠가는 직장을 떠나게 되어 있다. 더군다나 요즘은 평생직장이라는 개념은 없어진 지 아주 오래된 이야기이다.

필자가 가지고 있는 개념도 다르지 않다. 예전의 일본 중산층 사무직 종사자들의 삶은 거의 정해진 패턴이 있었다고 해도 과언이 아니었다. 대학을 졸업하면 당연히 평생직장으로 생각하는 일자리가 기다리고 있었고, 여성들은 결혼 혹은 첫 아이 출산할 때까지, 남성들은 은퇴할 때까지 거의 한 직장만 다녔다.

일본의 전형적인 샐러리맨은 열심히 일하고 기업에 복종하는 대가로, 보장된 일자리 및 연공 서열제에 기반한 점진적인 소득 상승을 기대할 수 있었다. 하지만 이제는 과거의 일이 되고 있다. 1980년대 거품경제 붕괴에 따른 저성장과 경제적 혼란이 오면서 일본의 중산층이 누렸던 확실성은 점점 약해져 가고 있는 것이다.

인정하기 싫지만 우리나라도 일본을 따라가고 있다. 필자의 기억으로도 첫 직장에 입사할 때만해도 평생직장 개념이 있었고, 그 당시의 여성들은 결혼하면서 누가 말하지 않아도 자연스레 퇴사를 했다. 지금은 우리나라에서도 평생직장을 운운하는 친구들은 거의 없을 것이고 결혼을 했다고 해서 직장을 그만두어야 한다고 생각하는 여성도 없을 것이다. 물론 육아문제가 해결이 되지 않아 어쩔 수 없는 경우를 제외하고는.

문제는 일에 빠져 살다가 정년을 맞이하였는데도 무방비책으로 회사를 떠나야 하는 선배들을 보면서 '과연 일에 빠져 살아야 하나?' 하는 생각과 동시에 일에 들어가 살아야 한다는 주장이 강하게 든다. 일에 빠져 살다 보면 자신의 내면에 있는 잠재력은 어느것 하나라도 계발해 볼 시간을 전혀 갖지 못해 자신의 잠재력이 뭐가 있는지 알지 못하고 직장을 그만둔다는 것이다. 필자도 직장 생활을 하면서 이런 소리를 하기에는 조금 머쓱한 면도 없지 않아 있지만 사실이 그렇다.

정년 후의 인생에 대해 생각을 해보고 그 새로운 길을 찾기 위해 끊임없이 공부를 하고 새로운 것에 항상 도전하는 마음을 가지고 있어야 한다. 그래야 정년이 다가 왔을 때 그 새로운 길에 당당하게 서 있는 본인의 모습을 보게 될 수 있다.

미지근한 물속에 집어넣고 약한 불로 서서히 익히면 개구리는 자신이 익는 줄도 모르고 물속을 유영하다가 결국 죽고 만다는 냄비 속의 개구리 이야기를 우리는 잘 알고 있다. 이 이야기가 전달하고자 하는 메시지는 우리의 경험과 습관에 익숙하여 지금 자신이 무엇을 하고 있고 어떤 상황에 처했는지 깨닫지 못하면 돌이킬 수 없는 지경에 이를 수 있다는 것이리라.

현실에 처해 있는 일에 허덕이지 말고 일의 성공이나 승진 또한 당연히 중요한 일이겠지만 일이 아닌 다른 곳에서 자신만의 잠재력, 전문가 수준의 취미 계발에도 신경을 써 보는 것이 어떨까 한다. 자그마하게라도 관심이 가는 분야가 있으면 일단은 시도를 해보는 것도 방법일 것이다. 평생 남 일만 도와주다가 나만이 하고 싶은 것을 하지 못한 채 늙은 청춘을 다 보낼 수는 없지 않은가?

◆ 꼭 반드시 그래야 한다는 것은 세상에 없다

성공이라는 것을 무엇이라고 한마디로 단정을 할 수는 없지만, 왜 같은 학교를 졸업하고, 같은 직장에 동시에 들어가더라도 성공하는 사람은 얼마 되지 않는 것일까? 아무리 책을 많이 보고 공부를 많이 하고 이론적으로 성공하는 방법과 행복해지는 비결을 안다손 치더라도 성공하기보다는 실패할 확률이 높다고 한다.

그것은 사람들이 의식적인 노력보다 무의식중에 실패할 가능성이 많다고 생각을 하든지, 어렵다고 생각하든지, 이런저런 이유 때문에 힘들 것이라고 생각하는 부분이 있다면, 그 무의식중에 생각하는 영향이 훨씬 더 크기 때문이다. 물론 무의식이라는 것이 얼마나 될까, 어느 정도나 될까, 라는 말에 답을 할 수는 없을 것이다.

하지만 최근에 발표된 연구 결과에 따르면, 무의식의 영향력이 우리가 지금까지 생각하고 있던 것보다 훨씬 더 크다는 점에 많은 학자들이 공감한다는 사실이다. 그런 결과를 두고 본다면 일반 사람들이 그토록 많은 성공의 방법을 익히 들어서 알고 있음에도 성공하지 못하는 게 어쩌면 당연한 게 아닌가 하는 생각마저 든다.

그것은 바로 우리의 능력을 일정한 틀 안에 가두어 두고 우리의 사고를 한겨울에 빵틀에서 만들어지는 붕어빵처럼 사람을 경색되게 만들어서 그 틀을 벗어나는 것은 생각할 수도 없게 만들지도 모른다. 부정적인 방향으로 흘러가게 하는 고정관념을 우리의 의식으로는 바꾸기가 매우 힘들 것이다.

우리가 고정관념을 바꾸기가 어려운 것은, 자라오면서 획일적인 교육에 얽매어 창의성이라고는 눈곱만큼도 없는 교육을 받다 보니 자연스레 그것이 무의식의 영역으로 들어가 버리기 때문이다. 즉, 우리가 실패에 대한 두려움 때문에 부정적인 생각이나 말을 많이 하게 되는데 성공하지 못하게 하는 무의식중의 고정관념이 우리의 몸과 마음을 성공으로 가게끔 하는 것을 제한해 버리기 때문인 것이다.

그러면 반대로 이러한 고정관념을 바꾸기 위해 우리는 스스로에 대한 믿음을 가지고 성공 가능성을 믿어야 한다. 그러나 그게 쉽게 될 것 같으면 이런 말을 굳이 할 필요도 없을 것이다. 이 무의식에서 가지고 있는 부정적인 고정관념은 우리가 새로운 희망적인 생각을 하지 못하게 하기도 하고, 우리를 부정적이고 절망적인 생각만 하도록 우리의 두뇌를 고정시켜 버린다고 할 수 있다. 그로 인해 우리가 인생의 불명예스런 패배자로 살게 하면서 그곳에서 헤어 나와야 된다는 생각마저도 없애 버리는 것은 아닌지 모르겠다.

이런 철의 장막 같은 장막을 치고 있기에 그토록 많은 실패자들이 이 세상에 넘치고 넘치는 것일지도 모른다. 이렇게 극복하기 어렵게만 보이던 철의 장막 같은 요새를 공략하기 위해 반드시 필요한 것은 무의식이 차지하고 있는 넓디넓은, 높디높은 영역과 맞서 싸울 수 있는 사고의 유연한 확장과 깊이가 있는 생각의 향상이 절대적으로 필요하다.

그 방법은 무엇일까? 그것을 위해서 우리가 할 수 있는 것은 무엇일까? 아마 짐작은 하고 있겠지만 학습밖에 없다고 생각한다. 학습을 통해 우리는 사고의 틀을 유연하게 할 수 있고 또한 사고력도 증대시킬 수 있다. 방법은 학습밖에 없다고 했는데 학습을 하지 않고 성공을 한다는 것은 있을 수가 없는 것이다.

그러나 단순히 이론 학습만 하겠다면 답은 없다. 앞으로의 세상은 경험을 동반하지 않는 학습은 큰 의미가 없는 세상이 될지도 모른다. 학문을 위한 학문이 아닌 경험을 수반하는 학습이 사고의 틀을 깰 수가 있다. 다양한 활동을 통해 새로운 뭔가를 습득을 해야 하고 직·간접적으로 다양한 경험을 자꾸 접해야지만 사고의 틀을 무너뜨릴 수 있다.

그리고 타인의 입장에서, 다른 직원의 입장에 서서 생각을 해보는 습관을 가지는 것도 중요하다. 흔히 직장 생활을 하다 보면 본인의 입장에서만 생각하고 말하는 직원들이 있는데 조금만 입장을 바꿔 생각해 보면 다른 각도의 대답이 나올 수 있는 것이다.

각자 사람들은 자기 자신만의 생각을 가지고 있다. 이 말은 본인이 가지고 있는 생각이 100% 옳다고 생각하는 부분도 방향을 조금만 틀어 놓고 보면 잘못 생각하고 있다는 것을 직장 생활을 하는 중에 수시로 느낄 때가 있다는 것이다.

그것은 동일한 문제를 가지고도 각자 소속된 팀의 입장에서만 생각을 하기에 문제 해결에 어려움이 있는 것이다. 동일한 문제가 발생하더라도 각자의 생각을 충분히 풀어내어 다양한 관점에서 보는 생각들이 하나로 모여서 풍부한 해석을 하다 보면 잘못 판단하고 있는 점을 보완해 줄 수가 있다.

그러나 대부분의 직장은 선임 직원들이나 임원들의 가진 생각대로 가는 경우가 다반사이다. 선진화되어 있다고는 하지만 아직은 고정관념에 사로잡혀 움직이는 회사가 많다.

사고의 틀을 깨고 다양한 생각들을 접목해서 결론을 도출해 내고 싶은 회사라고 한다면 직원들에게 충분한 시간적인 여유를 주어야 한다. 주어진 시간이 제한적이고 긴급하게 처리를 해야 하는 일이 다반사라고 한다면 효율적인 일 처리는 거의 불가능에 가깝다고 보아야 할 것이다. 제한된 시간 내에 일 처리를 강요한다는 것은 그만큼 직원들이 스트레스를 많이 받는다고 보아야 할 것이고, 시간이 없기에 다른 생각을 할 여유가 없이 기존에 처리했던 방식대로 일 처리를 하고자 할 것이다. 그 방법만이 해결하는 가장 빠른 방법이기 때문이다.

일반 회사에서 소위 경영자들이 착각을 하고 있다고 생각이 드는 것은 누구나 할 것 없이, 혁신을 부르짖고 있는데 기존의 업무 방식은 그대로 유지하면서 혁신, 혁신, 하고 있다는 것이다. 도대체 무엇을 혁신하자는 말인지. 이런 상황에서 직원들이 받아들이는 것은 지금 하고 있는 일을 조금 더 빠르게 할 수 있는 방법을 찾아라, 라는 정도로 해석을 한다는 것이다. 그것이 혁신이라고 받아들이기 때문이다. 그것은 직원들에게 더 큰 스트레스이다.

필자의 생각에는 오히려 혁신하는 방법을 찾는 것을 방해하는 것은 아닌가 한다. 혁신을 하려면 직원들에게 충분한 여유를 주어야 하는데 현재처럼 시간에 얽매여 다른 방법을 찾아볼 엄두도 못 내어 기존의 일 처리 방법대로만 진행할 수밖에 없는 처지에서 무슨 혁신 활동을 할 수 있을까?

한솔그룹에서는 [5 Why?, Idea Generation for the Future!]를 진행하고 있다. 나름 획기적인 방법이 아닌가 한다. 세상 무엇이든지 다섯 번만 '왜?'라고 물어보면 기본적인 해답이 나온다고 한다. 그것이 미래를 위한 아이디어 생성이 아닐까. 이런 것이 혁신이다. 기본에서 다시 시작하는 것, 초심으로 돌아가는 것, 이런 마음가짐이 새로운 무언가를 받아들일 수 있는 자세이다.

◆ 포기 대신 죽기 살기로!

변화(變化)의 사전적인 의미를 보면 사물이 어떤 상태에서 다른 상태로 이행함을 말한다. 어떤 사물이라도 양적 규정성과 질적 규정성을 갖추고 있고, 사물의 질의 존속 여부와 결부되어 있는 양적 규정성에 관해 다소 점진적으로 행해지는 변화가 축적되어, 점차로 사물에 고유한 한도를 넘어서면 사물의 근본적인 질적 변화, 즉 새로운 질로의 이행이 일어나게 된다. 이것은 사물의 합법칙적 발전에서의 비약이며 진화라고 말해진다. 이것이 '양적 변화에서 질적 변화로의 이행'이다.

사회생활에 있어서도 자연과 마찬가지로 양적 변화와 질적 변화가 일어난다. 전자는 '진화'라는 개념으로, 후자는 '혁신'이라는 개념으로 각각 말할 수 있다. 그런데 무엇이 이런 변화를 일으키는가? 일반적으로 양적 변화가 질적 변화를 일으킨다고 하지만 꼭 그렇지만은 않은 것 같다.

변화의 원인은 사물의 내부에 존재한다. 사물의 고유한 본질을 이루는 모순이 그 원인으로서, 양적 변화 및 그것의 질적 변화로의 진화는 이러한 모순의 발현에 지나지 않는 것이다.

소리개라고도 부르는 솔개(black kite)라는 새가 있다. 인터넷상으로 찾아보면 대개 다음과 같이 소개한다. 몸길이가 수컷은 58.5cm, 암컷은 68.5cm에 달해 대형 조류로 분류된다. 몸의 윗면은 검은 갈색이고 아랫면은 약간 연하고, 얼굴 일부와 멱은 흰색이며 연한 갈

색 세로무늬가 있다. 날개 아랫면에는 얼룩이 있으며, 날 때 길고 각진 날개와 제비꽁지 모양의 깃이 특징적이다. 산지나 평지·습지·바닷가 등 먹이가 있을 만한 곳이면 어디에나 산다.

솔개는 한국에서는 예로부터 흔한 나그네새이자 겨울새였으나 최근에는 찾아보기 어려운 새가 되고 말았다. 겨울을 나기 위해 내려오는 무리는 11월 초가 되면 서울에 도착하여 이듬해 4월 초까지 머물다가 다시 북쪽으로 올라간다.

1970년대 이전엔 서울 종각과 창덕궁 나무 위에서도 무리를 지어 잠을 자곤 했고, 제주에서는 비교적 흔한 여름새였으나 지금은 겨울에만 볼 수 있다고 한다. 하늘 높이 기류를 타고 원을 그리며 날 때가 많고 둥지는 집단으로 튼다. 보통 나뭇가지 위에 틀고 3월 하순에서 5월에 한배에 2~4개의 알을 낳아 25~37일 동안 품는다. 새끼를 먹여 키우는 기간은 42일이다. 먹이는 작은 포유류나 조류, 양서류, 파충류, 곤충 등 주로 동물성 먹이를 먹는다.

그런데 여기엔 솔개에 관한 결정적인 내용이 빠져 있다. 근거가 없다는 반론도 있긴 하지만 솔개는 최고 70년까지 사는 가장 장수하는 조류로 알려져 있다는 사실이다. 더욱 흥미로운 것은 아무 노력을 하지 않고도 70년을 살 수 있는 게 아니라 40년가량을 살고 난 뒤 고통스러운 갱생 과정을 거쳐야만 30년가량을 더 살 수 있다는 것이다.

솔개는 40살쯤 되면 더 이상 그대로는 살 수 없게 된다. 발톱은

닳아 뭉툭하게 되고 부리는 길게 구부러져 가슴에 닿을 정도가 되며, 깃털은 짙고 두껍게 자라게 된다. 이렇게 되면 너무 무거워서 마음껏 날 수도 없고, 사냥도 할 수 없게 된다.

이때 솔개는 두 가지 중 한 가지를 선택해야 한다. 그대로 죽을 것인지, 아니면 약 반년에 걸친 고통스러운 과정을 거쳐 갱생할 것인지를. 갱생해서 더 살고 싶은 솔개는 산 정상 부근으로 높이 날아올라 그곳에 둥지를 틀고 갱생을 위한 몸부림을 시작하게 된다. 맨 먼저 몇날 며칠이고 바위를 쪼아 부리가 빠지게 만든다. 길고 구부러졌던 부리가 빠지고 나면 그 자리에 새 부리가 돋기 시작한다. 날카로운 새 부리가 생기면 그 부리로 발톱을 뽑아내고 새로운 발톱이 나기를 기다린다.

새 발톱이 돋아나면, 그 발톱으로 몸의 깃털을 하나하나 뽑아낸다. 깃털이 빠지고 나면 그 자리에 가볍고 산뜻한 새 깃털이 돋아난다. 이런 과정을 거쳐 거의 완전히 새로운 솔개로 태어나는 데 걸리는 기간은 6개월. 이 인고의 과정을 성공적으로 참아낸 솔개는 다시 힘차게 날아올라 30년을 더 살게 된다고 한다.

솔개의 이야기처럼 인생을 살다 보면 순간순간 선택을 강요당하는 경우가 많다. 일상적인 일에서 발생하는 선택은 어찌 보면 결과론적으로는 어떤 선택을 해도 결과는 같은 경우가 다반사이다. 단지 조금 더 빠르냐, 조금 더 늦느냐의 차이일 가능성이 많다. 서울 출장길을 비행기로 가느냐, KTX로 가느냐의 차이가 아닐까 한다.

시간과 비용이 반비례하듯이 일의 늦고 빠름에는 항상 반대급부가 따른다. 단지 어느 쪽에 무게를 두느냐? 그때 당시에 어느 것을 선택했어야만 됐는가? 하는 문제일 뿐이다.

아마 여러분들도 경험을 해 봤을 것이 선배들이 해 놓은 일들을 들춰보면 도대체 왜 이렇게 했을까? 하는 의문점이 들 때가 많을 것이다. 아마 여러분들이 지금 아주 최선의 선택을 하고 일을 했다고 하더라도 시간이 지나 여러분의 후배들이 여러분이 해 놓은 일을 보면 같은 생각을 할지도 모른다.

필자가 말하고 싶은 것은 그런 선택을 말하려고 하는 것이 아니라 인생에 있어서 중요한 변화를 결정해야 하는 선택의 기회가 왔을 때에 자신감을 갖고 용기 있는 결정을 하지 못하면 현재와 달라질 게 전혀 없다는 것이다.

독자 여러분 개인 개인에게 필요한 중요한 변화가 무엇이고, 결정할 선택의 기회는 무엇을 말하는지, 어떻게 결정을 내려야 하는지는 개인 각자밖에 모를 것이다. 아무리 오래 같이 살아온 아내도 속속들이 알 수 없는 상황일 것이다. 그러나 독자 분들이 어떤 결정을 내리면 주변의 사람들은 모두 알게 될 것이다.

변화가 아니면 죽음이라는 것이 솔개에게만 해당될까? 부리가 빠진다는 것은 어떤 고통을 가져오는지, 자신의 발톱을 뽑아내는 고통은 또 어떤 것인지, 자신의 털을 뽑아내는 것은 어떤 고통인지 속속들이 알지는 못하겠지만 그 고통의 크기는 짐작을 하고도 남음이 있을 것이다. 죽을 것 같은 고통을 견뎌야 변화될 수 있다는 것이다. 지독한 고통의 터널을 뚫고 나와야 새로이 변화된 자신을 볼 수 있을 것이다.

빌게이츠가 자기 성공에 대해 물었을 때 그는 이런 말을 했다고 한다.

"나는 힘센 강자도 아니고 더더욱 나는 머리가 좋은 것도 아닙니다. 나는 날마다 날마다 새롭게 변화했을 뿐입니다."

나이가 조금씩 들어가면서 자주 "이 나이에~~."라는 말을 심심치 않게 듣게 되는데 항상 변화할 마음의 자세를 가지고 있는 독자라면 이런 말은 입 밖에 내지도 않을 것이다. 항상 변화된 삶을 추구하는 사람은 나이가 들어가는 것을 느낄 여유가 없을 것이다. 새로이 다가오는 변화를 맞이할 기쁨을 누리기 바쁘기 때문이다.

변화가 두려운 나이는 없다. 최근에 88세 이기옥 할머니의 자전적 에세이 『나는 내 나이가 좋다』라는 책을 소개받았다. 20년 전에 의사였던 남편과 사별하고 혼자 살아가고 계신 할머니 이야기인데 여러분들은 이런 나이에 퀼트를 배우고 수채화도 그리고 화분에 야채를 심어 자식들이 오면 들려 보내는 삶을 살 수 있겠는가? 대단해 보이지는 않지만 대단한 변화이다. 이 변화에 나이는 걸림돌이 될 수가 없는 것이다.

일반적으로 변화로 인해서 새로 생기는 것보다는 변화로 인해 익숙한 것을 잃을 것을 더 두려워하기 때문에 보통은 확실하지 않은

가치혁신을 위한 자기경영비법

일에 대해서 위험을 감수하려 하지 않는다. 그런 이유로 변화는 쉽지 않은 것이다. 변화를 시도하기 위해서는 실패할 것을 두려워하지 말아야 시도를 할 수 있는 것이다.

◆ 자신의 이름에 자신과 긍지를 가져라

고대 희랍의 아폴로 신전 입구 현관 기둥에는 이렇게 새겨져 있다. "너 자신을 알라" 애초의 뜻은 '인간아 깨달아라. 너는 神이 아닌 것을 깨달아라.'라는 뜻이었다고 한다. 이것은 신에게 덤비지 말라는 뜻이었을 텐데 그에 반박을 한 사람이 우리가 알고 있는 소크라테스이다.

고대 그리스 사람들은 개인적인 일이나 나라의 중대한 결정을 해야 할 일이 있을 때 아폴론 신전에 모여서 당시의 현인들에게서 답을 듣고 그 의견을 존중하여 그 결정에 따라 행동을 했다고 한다. 요즘으로 보면 강의를 듣는 것과 같은 형태였을 것이다. 그 말을 새긴 주체의 의미는 이 세상에는 많은 지식과 알지 못하는 일이 많이 발생을 하는데 지식에 앞서 있는 현인들의 지혜를 많이 경청하여 개인이 많이 부족하다는 것을 깨달아서 열심히 학문에 힘써야 된다, 라는 의미였을 것이다.

여기에 정면으로 반박을 한 사람이 소크라테스였다. 소크라테스는 너희 자신들에 대해 눈곱만큼도 인식하지도 않고 알지도 못하면서 다른 세계에 대해서 그렇게 열심히 토론을 하느냐, 라는 의미로 너 자신을 알라고 하였던 것이다.

소크라테스 때문에 인간의 자기 성찰과 자신을 깨우치는 철학에 관심을 가지게 되었다고 한다. 즉 소크라테스는 아무것도 모르고 있으면서 알고 있다고 착각하지 마라, 즉 자신에 대해 자신이 아무것도 모르고 있는 것을 알아라, 하는 뜻이다. 인간을 각성시키는 자성이라기보다는 당시의 神 중심으로 신들에 대한 경배문화에 반대하여 인간이 가지고 있는 잠재력을 일깨워, 인간의 능력을 알아라, 하는 뜻으로 이해를 해야 할 것이다.

필자의 기억에도 중학교 때 그리스, 로마 문화를 배울 때 친구들과 농담으로 주고받았던 말이 "니 꼬라지를 알아라."였다. 좋은 뜻으로 보자면 지금 현재는 공부에 흥미도 없고 주목을 받지 못하는 상태지만 지금부터라도 열심히 공부하고, 미래의 발전을 위해 노력을 하고 더 나은 미래를 꿈꾸고 풍부한 인생을 살기를 바라는 의미가 있을 것이다. 나쁜 의미로 보자면 실제의 외모를 보고도 말할 수도 있고, 그 친구들의 공부 수준, 가정환경 수준 등등을 빗대어 이야기했을 수도 있을 것이다.

그 당시의 소크라테스는 당시의 소피스트와는 대항을 하는 의미로 많이 비춰져서 그렇겠지만 소크라테스가 이 시대에 강단에서 강의를 한다면 어떤 뜻이었다고 이야기를 할까? 필자의 생각은 자기 자신이 얼마나 대단한 존재인가를 알아라, 라고 말할 것 같다. 너무

심오한 의미가 들어있는 철학자의 말을 전부 이해는 하기 힘드니 단순한 의미로 받아들였으면 한다.

인생이란 단 한 번 사는 것인데 자기 자신이 얼마나 무한한 잠재력을 가지고 있고, 얼마나 타인을 위해 많은 봉사를 하며 살아가고 있는지, 불쌍한 사람들을 보면 안타깝고 도와주고 싶은 아름다운 심성을 가지고 있는 것과 모르는 부분에 대해서는 많이 알고 싶어하고, 배움에 목말라하는 것을 빨리 깨달으라는 것이다.

긴 인생을 봤을 때 직장 생활을 한다고 많은 시간을 보내고 나서 자신의 잠재력을 새로 발견했다는 사람들이 많이 있다. 늦다고 생각을 할지는 모르겠지만, 물론 조금 더 이른 나이에 깨달았으면 더 많은 일들을 이루면서 살아갈 수 있었을 텐데, 라고 말을 할 수도 있지만, 깨닫는 자체가 중요한 것이지 시간에 구애받을 필요는 없다.

여러분들의 부모님도 여러분들을 이 세상에 나오게 했을 때는 바라는 바가 있었을 것이고, 아이가 어떠어떠한 인생을 살았으면 하는 기대가 분명 있었을 것이다. 물론 그 기대대로 살아온 사람들은 많지는 않을 것이다. 세상이 그리 만만하지는 않았을 테니까.

필자도 아들이 초등학교 입학을 할 때 국어사전을 사주면서 사전의 겉표지에 맥아더 장군의 자녀를 위한 기도문을 사전 표지와 비닐 커버 사이에 넣어서 선물을 해준 적이 있다.

이 내용은 맥아더 장군이 태평양 전쟁 중에 다섯 살배기 아들에게 보낸 글인데 늦둥이 아들이라 많은 애정이 담긴 글이었다. 부모의 마음을 대변하는 글인데 비록 부모는 그렇지 않았지만 자신의 모난 부분을 닮지 않기를 바라는 마음도 있었을 것이고, 겸손한 마음으로 세상을 살기를 바라는 마음이 간절히 들어 있었다.

"이렇게 해서 안 되면 어쩌지? 헛수고만 하는 건 아닐까?" 하는 생각으로 인생을 허비하지 않기를 바라고, 설사 원하는 목표에 도달하지 않더라도 그 노력이 잘못된 것이 아니고 그 노력이 헛된 것이 아니었다는 것을 아는 아이로 자라기를 바라고 먼 훗날 시간이 흘러서 "원 없이 즐겁게 살았노라"고 말할 수 있었으면 했다고 한다.

필자는 간혹 아이 방 안으로 가서 그 내용을 다시 읽어보곤 한다. 아마 우리 아이보다 필자가 더 많이 읽었을 내용이다. 아이는 아직 무슨 의미인지를 마음속에 새길 나이는 아니라고 생각하지만 필자가 아직 이런 삶을 살고자 하는 다짐으로 읽는다고 생각을 하고 있다.

필자는 시간이 날 때마다 주위의 지인들에게 다음과 같이 말하곤 한다. 당신은 참으로 소중한 존재이다. 당신이 직장 생활을 하면서 인식을 했든 안했든 현명하지 못해서 부정적인 일에 관여가 되어서 참으로 곤란한 시간을 겪고 있고 많은 괴로움에 밤잠 설치는 일을 당했을지라도 그것이 인생의 전부가 아님을 알아라.

팀장과의 의견 충돌로 직장 생활이 어렵거나 주위에서 많은 미움을 받거나, 업무 마찰로 인해 타 팀과의 분쟁에 휘말리거나, 일에 대한 스트레스로 당장 직장 생활을 그만두겠다는 마음이 들거나 하는 이런 어려운 상황이 닥치더라도 당신은 더 큰 인생을 생각하며 좌절하거나 극단적인 선택을 할 존재가 절대 아니지 않느냐고 말해 주곤 한다.

자신의 이름에 자신과 긍지를 가져라!

본인이 지금까지 살아오면서 소중하고 가치 있는 일이라고 생각해서 꾸준히 진행해 온 일이 있다면 그 노력에 대한 본인의 능력을 자신이 인정을 해주고 후한 평가도 내려주어 본인이 자신과 긍지를 가져야 한다. 자신에 대한 자신과 긍지를 가져야 상대가 잘못한 것에 대한 이해와 배려가 있을 수 있기 때문이다. 분명한 것은 **자신의 잠재력을 알아가는 시간대는 무한대라는 것을 아는것이 중요하다**

제8장

충당금처럼
미리 준비하라

- 언제든지 출발선에서 다시 시작하라
- 실패란 시간이 더 필요할 뿐이다
- 자존감은 긍정적인 변화의 열쇠이다
- 삶이 무거워도 기회는 다시 온다

제8장

충당금(allowance)처럼 미리 준비하라
(내가 힘이 들 때 남을 돌아보라)

　　충당금(充當金)이란 차기 이후에 지출할 것이 확실한 특정 비용에 대비하여 미리 그 이전에 각 기간의 대차대조표 부채항목에 미리 계상하는 금액을 말하며, 유동부채, 고정부채와 함께 부채항목의 하나이다.

　　충당금에는 부채성이 있는 것과 부채성이 없는것이 있다. 부채성충당금에는 퇴직급여충당금과 법인세충당금이 있다. 비채무성충당금에는 수선충당금, 감가상각충당금, 대손충당금이 있는바 이 중 감가상각충당금과 대손충당금은 평가성충당금이라 일컫는다.

　　이러한 감가상각액은 자산항목의 금전채권액, 상각자산액으로부터 공제되며, 부채항목에 계상하는 충당금에 포함되지 않는다. 이상과 같이 충당금의 본질은 부채성의 유무가 아니고 비용의 예상 여부에 있다.

충당금의 설정 목적은 무엇보다도 정확한 기간손익을 하기 위하여 당기의 비용을 정확하게 계상하려는 것이다. 그러므로 당해 사업연도에 속하는 비용을 합리적으로 계상해야 하며, 금액을 추산할 수 있어야만 하는데, 이는 다른 추정채권 즉 미지급금이나 미지급비용과 구별할 수 있는 기준이 되기 때문이다.

옛 어른들은 사람들의 마음을 사향노루의 사향에 비유를 하곤 했었다. 사향은 향기가 퍼져 나가지 않도록 가죽으로 몇 번을 둘러싸도 그 틈새를 비집고 나와 그 향기가 10리를 간다고 하였다. 사람의 마음도 이와 같아서 아무리 감추려 해도 겉으로 드러나게 되어 있다는 것이다. 감추려 해도 감추어지지 않는 수준의 마음의 열정이 필요하다. 그 열정도 언젠가는 방전이 될 것이기에 그 시기가 되면 재충전을 해야 다시 가동을 한다.

그러면 행복을 추구하면서 방전의 시간까지 기다렸다가 충전할 것인가. 속이 비어 있는 대나무가 자랄 수 있는 이유는 무엇일까? 대나무는 줄기가 꼿꼿하고 속이 비어 있는 식물이다. 속에 아무것도 없이 비어 있는데도 30m까지 자랄 수 있는 것은 마디가 있기 때문이다.

혼다의 창업자 혼다 소오이치로(本田宗一郎)는 "기업이건 사람이건 때때로 과거를 정리하고 미래를 생각해 보아야 한다. 마디가 있어야 대나무가 자랄 수 있는 것처럼, 이러한 과정이 있어야 사람도 기업도 성장할 수 있다."고 하였다.

지출할 것이 확실한 특정비용에 대비하여 미리 그 이전에 각 기간의 대차대조표 부채항목에 미리 계상하는 금액인 충당금처럼 우리도 삶에 지쳐 허덕이며 조금씩 우리 안의 에너지가 빠져 나갈 때마다 충전을 시켜 항상 가득 채워 먼 길 떠날 준비를 하는 차량처럼 언제 어느 시기에 기회가 올 때를 대비해야 한다.

◆ 언제든지 출발선에서 다시 시작하라

필자는 골프를 잘 못 치지만 간혹 동료들과 어울려 필드에 나가곤 한다. 라운딩을 하다 보면 드라이버샷을 하는데 OB(Outbounds Ball)가 날 때가 있다. 그럴 때마다 다시 한 번 치고 싶은 생각이 간절하다. 그대로 진행하면 형편없는 플레이가 될 것을 알기 때문이다. 동료들 중에는 OB가 나더라도 게임을 잘 풀어가는 친구도 있기는 하지만 필자처럼 초보들은 볼(ball)이 휘어져 나가는 것을 보는 순간 기분이 상해서 그 홀은 게임을 망치는 것이다. 다시 돌아갈 수 없다면 남은 게임에 집중을 하는 것이 최선의 방책일 것이다.

요즘은 가장 많이 접하는 단어가 '인생2막'이다. 필자의 또래는 비슷한 생각을 하고 있지 않을까 하는데 알면서도 대처하기는 쉽지 않은 것 같다.

일본에서 실제 있었던 이야기라고 하는데 은퇴를 앞둔 두 친구가 지나온 삶을 돌아보며 대화를 하고 있을 때, 한 친구가 자기는 다시 태어나면 의학공부를 해서 의사가 되고 싶다는 말을 했다. 그동안 가정을 위해 일을 하느라 하고 싶은 것을 못했다는 말을 덧붙이며 아쉬워한 것이다. 그러자 그 말을 듣고 있던 다른 친구가 지금이라도 하지, 라고 하였다 그러자 의학공부라는 게 얼마나 힘들고 어려운지 알고 있느냐, 적어도 10년은 배워야 가능한 일이라고 불가능하다고 하자, 그 말을 들은 다른 친구가 **"자네가 공부를 하든 안 하든 10년 세월은 지나가게 되어 있네."** 라고 하였다. 이 말에 감동을 받은 친구는 10년 공부를 하여 60살이 넘어 의사가 되었다는 것이다.

남의 이야기니 참 그럴싸한 이야기로만 들릴 것이다. 누구나 이런 결정을 내리고 열심히만 하면 이런 결과가 나올 것이라고 생각은 할 수 있지만 과연 쉬운 일인가? 결국은 마음에 담아두고 있던 일을 행위로 옮길 수가 있느냐, 그냥 마음속에 담아 두고만 있느냐의 차이다.

인생에 있어 1막, 2막을 어떻게 구분하는지는 잘 모르겠지만 통상적으로 은퇴를 말하는 것일 수도 있고, 전성기 시절을 말하는 것일 수도 있을 것이다. 대체로 인생의 1막은 어떤 직업을 선택해서 일을 하더라도, 가정을 책임지고 살아가는 입장에서 원하지 않는 삶을 살았다고 생각을 많이 하는 것 같다. 그래서 은퇴 후에는 각자 하고 싶은 것을 하며 살아가고픈 생각을 많이 하는 것이다.

생각을 해보면 산다는 것 자체가 고통을 수반하는 갈등이 많고, 그 자체를 벗어난다는 게 모순일 것이라는 생각도 할 수 있다. 고통이나 갈등이 없는 삶이 있을까? 지금 현실이 답답해서, 현실이 척박하다고 꿈을 꾸지 말라는 법은 없듯이 하고 싶은 일, 더 이상 생계만을 위해 일하고 싶지 않은 생각에 어려울지라도 불가능하지 않다고 생각하는 것은 아닐까? 필자는 그래서 인생 2막 준비를 꼭 은퇴 시기가 되어서가 아니라 30대, 40대에 준비를 하는 것도 가히 나쁘지 않다고 생각한다.

그럼 어떻게 해야 그토록 원하는 인생 2막을 살아갈 수 있을까? 몇 년 전까지만 해도 친구 중에는 나중에 퇴직하면 자신이 다니는 회사 경비라도 하지 뭐! 라고 말하는 친구도 있었고, 자그마한 가게를 내어 장사라도 하지, 택시 운전이라도 하면 되지, 라고 하는 친구도 있었다. 물론 그 은퇴를 걱정하며 말하던 시기가 아니어서 그 누구도 진지하게 생각을 하는 친구들은 없었다. 물론 그렇게 말하던 친구들도 진지한 면은 없었다고 생각한다. 인생은 영원하지 않고 내일이 꼭 온다는 보장도 없다.

그러면 어떻게 해야 할까? 필자는 계속 반복을 하지만 직장 생활을 하면서 물론 회사 일을 열심히 해야 하겠지만 일만 하는 게 아니라 일상생활에 필요한 모든 것을 배우고, 가르치고, 인내하고, 도와주는 그야말로 인생살이의 모든 것을 학습하는 학습의 장이라고 생각을 하라는 것이다. 월급을 받으면서 배우는 것은 신입 사원들만의 특권이 아니다. 전체 직원들이 월급을 받으면서 인생을 배우고 있는 것이다.

단순히 월급을 받고 일만 하는 장소는 아니라는 것이다. 회사는 별별 인간들이 다 모여 있는 장소다. 심지어는 별 미친놈도 다 있네, 라는 말을 할 정도로 특이한 행동을 하는 친구도 있는 곳이 회사라는 곳이다. 별 미친놈하고도 어울려 일을 해나가는 우리가 아닌가? 그런 사람들이 앞으로 펼쳐질 미래를 조금 나이가 들었다고 해서 겁을 낼 필요는 없지 않을까?

드라이버샷을 한 번 잘못했다고 그 게임이 전부 망치는 것은 아니다. 어차피 많은 드라이버샷을 해야 게임이 끝이 난다. 한 번의 실수가 오히려 약이 되어 그날의 게임을 잘 마무리하는 경우도 많지 않은가?

『아웃라이어(Outlier)』의 저자인 말콤 글래드웰은 일반인들의 수준을 벗어나서 큰 성공을 거둔 사람들의 비결은 '1만 시간의 법칙'이라고 했다. 어떤 분야이건 1만 시간만 투자를 하면 특출한 성과를 올릴 수가 있다는 뜻이다. 하루에 3시간씩 10년을 꾸준히 해야 하는 시간이다. 우리가 알고 있는 세계적인 운동선수, 과학자, 교수, 화가, 음악인 등 어떤 분야에서든 1만 시간보다 적은 시간을 보내면서 자신의 분야에서 우뚝 선 사람은 없다는 것이다. 끊임없이 배우고 경험하고 노력하는 사람만이 도달할 수 있는 자리이기 때문이다.

결승점에 도달해서 타고난 재능이 없어서 못했다고 한탄을 할 것은 아니라고 본다. 결승점에 다다르기 전에 충분한 시간은 우리에게 있다고 생각을 하고 오늘 이 시간을 보내야 할 것이다. 단지 하나, 애플의 스티브잡스(Jobs)가 말했듯이 '다르게 생각하라(Think different). 다르게 행동하라(Act different)'는 것이다. 이때까지보다는 조금 더 노력하고 남들과 다른 방법으로 승부수를 띄워야 원하는 인생 2막이 되지 않을까 한다.

◆ 실패란 시간이 더 필요할 뿐이다

필자의 유년 시절은 참으로 행복했었다. 초등학교 4학년 때까지 호박엿과 오징어, 명이나물로 유명한 울릉도에서 자랐으니까. 거의 10년 정도 울릉도에서 자랐다. 울릉도라서 행복했다는 게 아니고 지금의 나이에도 기억이 나고 가보고 싶은 생각이 드는 곳이어서 행복하다는 것이다. 실제 고향이 울릉도가 아님에도 고향보다 유년 시절이 더 생각나는 곳이 울릉도이다.

학교에 갔다 와서 부두에 나가 배에서 육지로 나르는 오징어 배에서 떨어진 오징어를 엿장수에게 가지고 가서 엿으로 바꿔 먹던 기억, 한여름에 축축 늘어진 호박엿을 손에 묻혀가면서 먹었던 맛의 기억이 지금도 난다. 특히나 울릉도에서 살았던 집은 우리가 울릉도에 가서 아버님이 직접 지은 집이라서 더욱 기억이 생생하고 언젠가는 꼭 가보고 싶은 곳이다. 누님과 여동생은 울릉도에 갔을 때 지금 살고 계신 분들과 사진도 찍고 왔던데 필자는 아직 울릉도에서 나오고 나서 한 번도 가본 적이 없다.

지금에 와서 이런 생각을 하는 이유는 뭘까? 이때까지는 마음이나 생각이 온통 미래로만 향해 있었기에 과거를 돌아볼 여유가 없었다고 보아야 할 것이다. 마음이 미래에만 가 있을 때는 과거는커녕 현재 있는 곳도 살펴보기 어려울 정도로 미래에만 눈이 가 있었던 것이다.

최근에 혜민 스님과 배우 차인표 씨, 박찬호 야구선수가 나와서 여러 인생사를 이야기하면서 따뜻한 겨울밤을 보내는 게 텔레비전 방송에 나왔다. 『멈추면 비로소 보이는 것들』의 저자 혜민 스님은 참 귀여운 얼굴을 하고 있었고 온화한 웃음의 소유자였다. 유명한 대학을 졸업을 하고 스님이 된 특별한 이력에 관심이 있는 것이 아니다. 혜민 스님의 인생 지침서로 보이는 이 책에서 스님이 가장 하고 싶었던 말이 무엇일까? 아마 멈추어 보라는 것이 아닐까.

그 멈춤이 석가모니가 깨달음을 얻는 순간처럼 후세에 두고두고 기록되지 않더라도 한 번쯤 멈추어 보는 것도 어려운 일이라고 생각하지는 않는다. 그동안 무심코 지나쳐 왔던 것들에 대해 다시 돌아보기, 나를 돌아볼 줄 아는 모습을 갖게 해주는 것이 멈추면 비로소 보이는 것들이지는 않을까 생각해 보았다.

어느 날 문득 멈추어 서서 자신이 살아온 길, 자신이 걸어온 길을 되돌아보고 싶은 게 인생이지 않을까 싶다. 물론 20대 정도의 친구들이나 우리 아이들처럼 어려서는 과거를 돌아볼 마음조차 없을 것이다. 필자도 부산에 한 번 씩 가면 어린 시절에 다녔던 교회나 뛰어 놀았던 동네 어귀를 찾아가 보곤 한다. 물론 30년 이상 지난 세월이라 많이 바뀌어 있지만 골목 모퉁이에 아직 남아 있는 담벼락을 보며 그때의 시절을 떠올리곤 한다. 이것이 인생의 원점이다.

헤르만 헤세는 그의 명작 『데미안』에서 이렇게 말하고 있다. 시들대로 시들어 버렸다고 생각하면서 자꾸 머리를 흔들어대지만, 그럼에도 불구하고 당신의 가슴속에서 여전히 꿈틀거리며 솟아나오려고 하는 것은 무엇입니까?

입맛이 없거나 반찬이 없어 무엇을 먹을까 걱정될 때 냉장고에 있는 삼겹살과 장아찌로 한 끼를 해결하기도 한다. 고기를 구워 먹을 때 느끼함을 잡아주는 궁합이 잘 맞는다고 해야 하나. 암튼 우리 가족은 자주 먹는 편이다. 그런데 이 장아찌라는 놈은 평상시에는 냉장고에 있어도 잘 거들떠보지도 않는 반찬이다. 그러나 시간이 오래 지나도 그 맛을 간직하고 있는 것이 장아찌이다. 오랫동안 두어도 맛이 변하지 않은 음식, 이 음식의 매력이다.

인생을 살아가는 방법은 학교 다닐 때 벼락치기 시험 공부하는 방법으로는 통하지 않는다. 어떤 일을 완성하는 데에는 반드시 기본적인 시간이 필요하고 집중하고 노력하는 절대적인 시간이 필요하다. 속담처럼 우물가에 가서 숭늉 찾는 식의 일 처리는 인생살이에 전혀 도움이 되지를 않는다.

패스트푸드와 슬로우푸드가 몸에 좋고 나쁨까지는 논하고 싶지는 않다. 대체로 알려진 것으로 구분을 해 본다면 패스트푸드는 말 그대로 빠른 음식, 즉 간단히 빨리 먹을 수 있다는 것이 장점이지만 비만을 부른다고 알려져 있고, 환경파괴의 주범이라고도 한다. 그리고 사람들에게 인공미각에 길들여지게 하여 자연미각을 상실하게끔 한다고 한다.

슬로우푸드는 음식물에 영양소가 풍부하게 들어 있으며, 음식을 골고루 먹을 때면 별도의 다이어트를 하지 않아도 자연히 정상적인 체중을 유지가 가능하다고 한다. 그리고 정성이 들어간 음식이므로 화기애애한 식탁을 만들 수 있으며 천천히 오래 음식을 먹음으로써 소화에 부담을 주지 않는다고 한다.

슬로우푸드는 상 위에 오르기 전까지 오랜 시간이 걸린다. 오래 익히는 장이나 묵혀야 제 맛이 나는 김치 같은 우리의 전통 음식은 시간이 오묘한 맛을 빚어내는 진정한 슬로우푸드라고 할 수 있다.

우리가 살아가는 것도 이와 같지 않을까. 바쁘게 살 때는 패스트푸드로 식사를 할 때도 있지만 어느 정도의 시간이 흐르고 난 지금쯤 때로는 인생을 한 번쯤 느긋하게 바라볼 때도 있어야 하지 않나 생각한다. 다른 사람들이 결승점을 향해 달려가는 속도에 신경을 쓰지 말고 내가 달려온 길을 한번 되돌아봄으로써 앞으로 어떤 방법으로 달려갈까를 생각할 시간이 필요한 것이다.

현대사회는 구조적으로 복잡한 사회일 수밖에 없다. 직장에서든 사회생활에서든 심지어 가정에서도 복잡한 것이 당연하다고 생각될 정도이다. 그러다 보니 섣부르게 행동을 해서 낭패를 보는 경우가 종종 있고, 직장 생활에서도 너무 발 빠르게 움직여서 실패를 하는 경우도 많이 보았다.

너무나 다양하고 많은 상황에서, 특히 소중한 무엇인가를 이루고자 한다면 조용히 때를 기다리면서 꾹 참는 기다림의 시간도 때로는 필요한 것이다. 지루한 날들이 계속될 수도 있지만, 기다림이라는 것조차 고통이 될 수도 있겠지만, 어차피 시간이 지나야 해결되는 일들이 있다. 그래서 이 지루한 기다림조차도 즐겨야 한다고 생각한다.

다만 그냥 가만히 앉아 기다리는 것은 인간을 나태하게 만든다. 세상에서 가장 값진 시간을 의미 없게 흘려보내는 어리석은 일을 하고 있는 것이다. 할 수 있는 방법이 더 이상 없다면 기다리면서도 많은 준비를 해야 하는 것이다. 언젠가 멀지 않은 시간에 때가 오면 그동안 축적해 두었던 모든 지혜와 용기와 힘을 모아 본격적으로 뛰어나가야 할 것이다.

◆ 자존감은 긍정적인 변화의 열쇠이다

교호 네트워크 서비스(Social Network Service) 또는 교호 네트워크 사이트(Social Network Site)보다는 이제 약칭으로 더 많이 불리는 월드와이드웹 기반의 서비스인 SNS는 최근 폭발적으로 성장하면서 사회적·학문적으로 커다란 관심의 대상으로 부상하였다.

그만큼 현대사회는 나 아닌 타인과의 소통이 강조되고 있으며 그 기반은 '타인에 대한 인정'으로부터 시작된다고 할 수 있다. 현대를 살아가는 한 사람의 사회인으로서, 직장인으로서 요구되는 필수적 덕목은 타인을 인정하는 태도를 가지는 것이 아닌가 생각한다. 그만큼 타인과의 대화가 중요하다고 할 수 있다.

대화는 상대가 있어야 하기에 일방적인 의견 개진은 아무런 도움이 안 된다. 동등한 입장에서의 대화는 서로에 대한 이해가 필요하다. 그래서 언제 어디에서 누구를 만나더라도 일단 상대방의 의견을 존중해야 한다. 상대방을 인정하지 못하는 사람은 주로 자기 고집이 강한 사람인데 타인과 소통할 줄 모르는 독선적인 인간으로 비춰지게 되어 있다. 필자가 직장 생활에서 중요하게 생각하는 것은 상대방과의 대화에서 부드러운 태도와 서로 인정하여 협력을 이끌어내는 능력이다.

회사에서 요구하는 것은 가급적이면 튀지 않고 타 팀, 타인 속에 잘 스며들어 회사가 원하는 일반적인 직원, 조직의 목표를 잘 수행하는 직원을 요구 할 수 있다. 그런데 이런 요구에만 맞추다 보면 간과되는 것이 있는데 그것은 본인만의 분명한 주체성과 자기 기준과 견해 같은 것들이다. 이런 것들은 어떤 단체나 조직생활, 사회생활에서 그러한 태도는 분명 문제가 될 수 있다.

필자의 회사 내부에도 나름 설득력을 겸비하여 자기주장을 강하게 펼치는 친구가 있다. 그런데 항상 문제가 되는 것은 객관적인 입장에서 문제를 바라보는 눈을 가지지 못하고 자기가 처한 입장에서만 주장을 하기에 필자의 눈에는 설득력이 떨어지는 직원이다.

대체로 젊음이 몸에서 빠져 나갈 때쯤 되면 직장 생활 중에 표면적으로 계속해서 인정받고 싶어 하고 다른 사람을 인정하는 과정이 계속 반복된다는 것을 느낄 때가 있을 것이다. 이런 생활이 반복될수록 본인의 주체성과 자기 기준은 점점 없어진다고 볼 수 있다. 결국 자기를 방어해줄 수 있는 집단, 안전하게 지켜줄 수 있는 집단을 계속 찾는 것 같다. 그래서 보통 본인의 생각에 항상 앞서 있는 것이 팀의 생각인 것 같다. 팀 내에서 논쟁이 발생하면 내면적인 갈등이 많이 일어나는 경우가 있을 것이다. 본인의 생각과 팀의 생각이 다를 경우가 많기 때문이다.

분명한 것은 다른 사람들과 대화를 하고, 서로를 인정하는 태도는 대단히 중요하다. 어차피 인간은 사회적 동물이다. 어떤 이는 사회 자체가 사람들의 내적 성장에 있어 역기능을 한다고 생각하는 사람도 있다. 특히나 우리나라 같은 경우는 학연, 지연에 얽매여 살아가는 경우가 많으며 자신의 의지와는 관계없이 그 조직의 일원으로서 어쩔 수 없이 살아가는 경우도 많다.

직장 생활을 하든, 사업을 하든, 당장의 끼니를 해결하기 위해서라도 생업에 종사해야 하고, 금전적으로 풍부해 굳이 사업이나 직장 생활을 안 하고 소위 놀고먹는 사람이라고 할지라도 인간과 인간의 교류가 어떤 방식으로든 이루어지지 않고서는 생존 자체가 불가능한 것이 인간이다. 나약하디 나약한 우리 인간은 애초에 타인 없이 살아갈 수 없는 것이지만 그러한 경향이 너무 강조된 결과, 그것이 가장 중요한 게 되어버린 것 같고, 가장 우선시되는 가치가 되어버린 것은 아닌지 모르겠다.

최근 입사한 신입 사원들을 보면 어떤 게 가장 큰 장점인 것 같으냐는 질문에 대기업 인사 담당자들은 다음과 같이 대답을 했다고 한다. 애사심이나 팀워크 기여도가 뛰어나다는 응답은 하나도 없고, 책임감, 성실성 등 기본 인성이 훌륭하다는 응답자도 적었다. 반면 열정과 도전정신, 문제해결 능력에는 후한 평가를 내렸다고 한다.

참으로 아이러니가 아닌가? 어느 단체나 필자의 경험으로도 신입에게는 패기를 강조하고 자기주장이 있어야 한다고 강조를 해 왔다. 그런데 신입의 티를 벗어날 때쯤 되면 그 당시 후한 점수를 받았던 것들이 걸림돌이 된다고 다들 생각을 하는 것 같다. 직장 생활 중에 여러 문제에 부딪히다 보니 자기 생각이 없어지는 경우가 아닌가 한다.

하지만 그렇다고 해서 아직도 젊은 사람들이 과연 자기 고집이 없겠는가? 원래 당당히 자기 내면에서부터 쌓아올려져야 하는 자존심. 현대인들은 타인들과의 상호 인정 속에서 소외받지 않기 위해서, 소위 왕따를 당하지 않기 위해 온갖 소통의 기술을 익히려고 노력한다.

미켈란젤로가 시스티나 성당의 천장벽화를 그릴 때의 일이다. 벽화는 그 크기가 183평방미터나 되는 대작이었다. 하루는 그가 사다리 위에 올라가서 천장 구석에 인물 하나하나를 꼼꼼히 그려 넣고 있었다. 한 친구가 그 모습을 보고 이렇게 물었다.

"이보게, 그렇게 구석진 곳에 잘 보이지도 않는 걸 그려 넣으려고 그 고생을 한단 말인가? 그래봤자 누가 알겠는가?"

미켈란젤로가 대답했다.

"내가 알지."

미켈란젤로는 자신의 대표작인 예술 작품 시스티나 천장화를 완성하기까지 수많은 시련을 겪어야 했다고 한다. 불편한 자세로 작업을 해야 했고, 육체적으로 심한 고통을 겪어야 했다고 한다. 그러나 자기 자신의 작품에 자부심이 대단했던 미켈란젤로는 그 당시 가장 높은 위치에 있었던 교황과도 대립할 만큼 예술에 대한 자신의 고집을 꺾지 않았다고 한다. 4년이라는 긴 시간을 바쳐 전 세계가 우러러보는 위대한 작품을 탄생시켰던 것이다.

끊임없는 시련을 견뎌내고 위대한 작품을 탄생시킨 미켈란젤로,

그가 예술에 바쳤던 뜨거운 열정과 사랑은 오늘날까지도 많은 이들에게 감동을 자아내고 있다.

요즘 세상에 한 사람의 인간으로 살아가는 데 있어서 생각하기에 따라 얼마든지 자신의 목표를 위해 자신을 갈고 닦을 수 있다. 인간은 예전이나 지금이나 자신이 속한 조직의 사회적 목표를 위해 전진하는 과정에서 개인적인 성장을 이룰 수 있도록 구조화되어 있다. 즉 이러한 고단한 수련 과정을 통해 탄탄한 내공을 쌓은 한 사람의 내면세계가 그가 속해 있는 단체의 사회적 기능과 조화를 이룰 때, 새로운 현실의 창조가 이루어진다고 말할 수 있다.

살아간다고 하는 것은 끊임없이 자기 자신을 창조하는 일이다. 단체의 기능과 조화를 이루어가면서 자기 자신의 존재에 대한 고집은 가지고 가야 하지 않을까 생각한다.

◆ 삶이 무거워도 기회는 다시 온다

　나로 우주센터의 총 면적은 550만㎡이다. 미국 플로리다의 케네디우주센터(570㎢) 규모에 비하면 100분의 1이 안 되고, 일본의 다네가시마 우주센터(970만㎡)의 절반 정도 규모로 세계 여느 우주센터보다 작은 편이다. 하지만 규모가 작은 것에 비해 발사대 시스템을 비롯해 추적레이더와 텔레메트리(원격자료수신장비), 발사통제시스템 등 우주발사체에 필요한 시설을 효율적으로 갖추고 있다는 평을 받고 있다.

　이미 한참이나 된 이야기처럼 느껴지지만 드디어 나로호 발사가 성공했다. 몇 번의 거듭된 실패로 인해 사실 거의 무감각해질 무렵에 있었던 때문일까. 금번의 성공이 더욱 값지지 않을 수 없다.

　항상 그러했듯이 기회와 위기는 같이 존재한다는 말이 생각난다. 기회가 위기가 될 수도 있고, 위기가 기회도 될 수 있다는 말이다. 나로호 발사 실패로 몇 번의 위기가 있었지만, 거기에 굴하지 않고 끊임없는 실패의 원인 분석과 연구와 노력, 도전을 해서 마침내 성공을 이끌어낸 것이다. 참으로 감격스러운 일이다. 위기를 기회로 만든 케이스다. 양치기 소년 같은 느낌이 들 정도로 조마조마한 날들이었을 것이다.

　우리의 인생살이도 별반 다를 게 없을 것이다. 기회가 위기가 될 수도 있고, 위기 또한 기회가 될 수도 있다. 각자 마음먹기에 따라서 한순간에 잘못될 수도 있고 그 잘못된 것이 전화위복(轉禍爲福)이 될 수 있는 것이 우리가 살아가는 인생살이다.

금번 나로호 발사의 성공이 가지는 의미가 많겠지만 그중에서도 필자가 보기에 가장 큰 의미는 아무래도 또 실패할지도 모른다는 위기의 순간을 잘 극복하고 그것을 성공의 기회로 만들었다는, 결국 절망을 생각할 수 있는 순간을 기회로 삼아 역전을 시켰다는 것이다. 솔직히 필자도 성공 못하는 것은 아닌가, 하는 불안감을 가지고 있었다.

예전 복싱 홍수환 선수는 한때 카라야스키 선수와의 경기에서 7번 넘어졌다가 8번 일어나 상대를 KO시키며 '칠전팔기'라는 명언을 남겼다. 7번 넘어지면 8번 일어난다. 그야말로 불굴의 의지를 보여주는 경기였다.

칠전팔기는 정신력의 중요함이나 의지력의 가치를 강조하는 것이다. 그래서 우리 국민들에게 용기를 주기도 하고 어려운 일이 있어도 포기하지 말고, 낙담하지 말고, 어떤 위기라도 언제든지 기회로 만들 수 있다는 교훈을 주는 것이다.

요즘도 그렇지만 어릴 적 울릉도에는 겨울에 참으로 눈이 많이 왔다. 어린아이 눈에 보이는 세상은, 겨울에는 당연히 눈이 많이 온다고 생각을 했던 것 같다. 울릉도가 원래 섬이다 보니 평지가 별로 없어서, 그 당시에도 아버님이 집을 지을 때는 산비탈을 일부 깎은 터에 집을 지었는데, 산 위에서 작은 눈덩이 굴러 내리면 그게 우리 집에 부딪힐 때쯤 되면 엄청 큰 눈덩어리가 되어 있었던 기억이 난다. 사실 보지 않았다면 상상이 안 갈 일인데 집 뒤로는 산비탈을 가꾸어 밭으로 이용하다 보니 겨울에는 이런 일들이 종종 있었다.

어린아이 눈에는 보통 한번 눈이 오기 시작하면 온 천지가 눈에 파묻힌다는 생각을 할 정도로 많이 왔고, 학교는 당연히 휴교령이 내려지고, 하루 종일 집집마다 눈 치운다고 난리도 아니었다. 집 앞의 눈을 치우는 데도 몇날 며칠이 걸리곤 했다.

그런데 그때는 전기 사정이 좋지 않아 이른 저녁을 하고 가족들이 둘러 앉아 땅속에 묻어 두었던 무우를 잘라서 간식으로 먹을 때쯤 세상이 그렇게 고요할 수가 없었다. 한없이 조용할 때쯤 멀리서 들려오는 소리가 있었는데 그것은 나뭇가지 위에 내려앉았던 눈이 물기를 머금고 무거워져서 한꺼번에 땅으로 쓸려 쏟아져 내리는 소리였다. 그리고 눈의 무게를 이기지 못한 나무가 '뚜둑' 하고 부러지는 소리였다. 새 깃털보다도 가벼운 눈송이들이 굳은 절개의 표상인 소나무가지를 꺾어 버리는 소리인 것이다.

솔직히 소나무인지는 정확히 모르겠다. 그런데 어릴 적 기억으로는 뒷산에 거의 소나무와 삼나무, 대나무 이런류의 나무가 많았던 것 같다. 지금 생각해 보면 두텁게 쌓인 눈이 나뭇가지를 압박하면 탄력이 좋은 삼나무들은 가지가 아래로 휘어지면서 눈 더미를 땅으로 떨어트리는 소리였을 것이고, 다른 나무들은 즉 삼나무처럼 부드럽지 못한 나무들은 꼿꼿하기는 한데 휘어졌다가 펴지는 탄력이 없기 때문에 눈덩이의 압박에 못 이겨 부러지는 것이었다.

구부러지는 탄력이 있느냐 없느냐의 차이로 그동안 애써 자란 나무가 부러지는 것이다. 우리가 살아가는 것도 이와 같다는 생각을 해 보았다 **사는 게 힘이 들 때는 잠시 고개를 숙이는 것도 괜찮다.** 잠시만 고개를 숙이고 있다가 위기가 지나가면 원래대로 돌아갈 수 있기 때문이다. 부러지는 것보다야 훨씬 낫지 않을까 한다.

대개 유명한 인물들이 그러했듯이 그 유명한 강철왕 앤드류 카네기도 강철왕이 되기까지는 수많은 좌절을 겪었다고 한다. 그는 그렇게 똑똑한 인물도 아니고 직장에서도 성과를 올바로 내지 못하여 동료들로부터 인정을 받지 못하고 있었다. 그러던 어느 날 판매를 하기 위하여 한 노인의 사무실을 방문하였다가 그 사무실 벽에 걸려있는 보잘 것 없는 낡은 배 한 척이 모래사장 위에 정박해 있는 그림을 보았다고 한다. 이 배는 낡아서 오랫동안 바다를 항해하지 못하였던 것이다.

앤드류 카네기는 그 그림에 감동을 받아 훗날 그 노인을 찾아가서 그 그림을 건네받았다. 백만장자 카네기에게 어울리는 유명한 그림도 아니었고 유명한 화가의 작품도 아니었다. 단지 이 그림 밑쪽에는 **'밀물이 밀려오면 나는 반드시 바다로 나가리라'**라는 글귀가 적혀 있었다고 한다.

낡은 배를 보며 자신의 처지와 같다고 생각한 카네기는 언젠가는 내 삶에도 밀물이 몰려올 때가 있으리라는 소망을 가지고, 어려운 역경과 고난이 다가올 때마다 이 그림을 생각하면서 소망을 잃지 않고 결국에는 미국의 큰 철강회사의 경영자로서 강철왕이라는 닉네임도 얻었다고 한다. 그것은 단순한 한 폭의 그림이었지만 그 그림은 앤드류 카네기가 힘들 때마다 언제나 참고 견딜 수 있는 힘을 주었던 것이다.

좋을 때가 있으면 나쁠 때가 있고, 나쁠 때가 있으면 반드시 좋을 때가 있는 법이다. 기회는 반드시 찾아올 것이다. 밀물이 반드시 올 테니깐.

제9장

주주자본은
시작과 끝이다

- 인생계획서를 새로 만들어라
- 늙기는 하되 녹슬지는 말자
- 진정한 힐링(Healing)은 가정이다
- 리폼(Reform)은 새로운 가치의 창조다

제9장

주주자본(stockholder's equity)은 시작과 끝이다

(내 인생의 자본은 가족과 직장이다)

주주자본이란 자기자본을 가리킨다. 주주계정이라고도 부른다. 주주가 납입한 자본금, 자본 준비금은 물론 이로 인해 발생한 이익준비금이나 잉여금도 본래 주주에게 속해야 할 것이라는 사고방식을 배경으로 그렇게 부르고 있다. 지금까지 상장기업에서는 자본금만이 주주의 것이고 액면에 대한 배당률을 안정적으로 유지하면 된다는 사고방식을 취한 기업이 많았다. 이에 대해 자기자본은 모두 주주의 것이라는 인식 아래 이익에 알맞은 배당을 하고 주주자본이라는 호칭을 제도적으로 확립해야 한다는 의견이 대두되고 있다.

자기자본이라고 불리는 것처럼 자기 신체와 정신의 주인은 자기 자신이다. 자기 자신이 젊음이라는 중심에 있을 때에는 강하게 보이고 싶고, 중심에 있고 싶었을 것이고, 가능하다면 큰 약점이 없는 것처럼 남에게 위장하고 살아가고 싶었을 것이다. 그러나 우리가 이겨야 되는 상대는 이 세상이 아니라 우리가 싸워야 하는 존재는 타인이 아니라 바로 우리 자신이라는 것을 알아야 한다. 기업을 창업할 때는 기본적인 자금이 필요하고 그것이 자본인 것처럼 세상을 살아가는 데도 기초가 되는 자본과 같은 존재가 필요한데 그것이 가족과 직장인 것이다. 그런 가족에게 굳이 내 자신이 강하게 보여 이길 필요가 없고 내가 근무하고 있는 내 직장에서 만만치 않은 놈이라는 말을 굳이 들을 필요가 없는 것이다.

기업을 처음 시작할 때 가지고 있는 포부는 시간이 흐를수록 희미해지기 마련이다. 그래서 다들 초심으로 돌아가자, 라는 말을 하곤 한다. 처음의 순수한 열정을 유지만 할 수 있다면 얼마나 사랑스러운 사람이 될까? 시간이 지날수록 타인에게는 그렇게 깐깐하고 우리 자신에게는 너무나 관대하여 어느 사이엔가 우리가 할 수 없는 것과 하기 싫은 것에 대한 핑계 아닌 합리화를 우리 자신에게 세뇌시키고 있는 것은 아닐까.

그러다 보니 이제는 우리가 무엇을 할 수 없는 것인지 무엇을 하기 싫은 것인지 구분도 안 되고 능력이 안 되니 못 하는 것이지, 하는 자기 체념 상태에서 어제도 오늘도 아마 내일도 그냥 이렇게 살아가는 게 아닌가 싶다. 우리 생각대로 우리 의지대로 살아가는 게 아닌 채 그렇게 살아왔으니 그렇게 살아가도 좋은 건가? 우리 삶이

건만 또 다른 우리 자신이 우리를 이끌고, 이끌려가고 있는 이 불편한 진실. 그렇게 어느 사이엔가 우리는 또 다른 우리 자신에게 길들여지고 있는 것은 아닌지…….

인생에 있어서의 또 다른 자본은 무엇이 있을까 고민을 많이 하게 된다.

◆ 인생계획서를 새로 만들어라

기업이 지속적으로 성장해 나가기 위해서는 경영목표와 경영전략, 경영계획이 필요하다. 대체로 기업은 이윤을 추구하기에 경영목표는 수치화하는 게 일반적이다. 예를 들면 올해는 매출 1조 원에 영업이익은 얼마, 이런 식으로 표현을 한다.

경영목표를 설정하고 그 목표를 달성하기 위해서는 어떤 기법으로 운영할 것인가와 구체적인 행동지침이 필요하다. 경영계획은 기간에 따라 장기계획, 중기계획, 단기계획으로 구분하여 계획을 세우기도 한다. 회사의 경영계획은 기업 활동의 행동계획표와 같다고 할 수 있다.

인생을 살아가는 것을 혹자는 전쟁에 비유하기도 한다. 전쟁에 나가는 병사는 정신무장에서부터 철저하게 준비가 되어 있어야 승리할 수 있다. 전쟁터에서 병사가 무기도 소지하지 않고 철모도 쓰지 않고 전쟁터를 활보한다면 목숨을 부지하기가 어려울 수밖에 없을 것이다. 철저하게 무장을 하고 준비를 해도 살아남기 힘든 곳이 전쟁터가 아닌가?

우리의 인생에 대해서 계획을 세우는 사람들이 의외로 적은 것 같다. 아니면 세웠다 하더라도 인생 계획인데, 인생 계획이 물론 한 번 정하고 마는 것은 아니지만 수시로 바꾸는 경우도 많은 것 같다. 중요한 것은 자신이 자신의 인생을 설계해 나가지 않으면 타인에 의해서 설계를 당할 수밖에 없다는 것이다. 자신 스스로의 삶을 위한 다짐은 일정한 목표 내에서 이루어져야 한다. 그리고 삶의 목표는 구체적으로 작성이 되어야 한다.

미국 조지아 주립대학의 토마스 스탠리 교수가 12년간 부자의 삶을 연구한 바에 따르면 자신의 꿈과 목표, 가치, 전략을 잘 조화시킨 사람들이 부자가 되더라는 것이다. 인생계획이란 게 부자가 되는 것만은 아니지만 목표를 이루는 과정에서의 노력은 같다고 할 수 있다. 결국은 많은 사람들이 계획을 실천하지 못하는 이유는 꿈과 목표, 가치, 전략을 같이 묶어서 추진을 못 하기 때문이 아닌가 한다.

꿈이라는 것은 '무슨 일을 할 것인가?' 하는 것이다. 행복한 삶을 위해 가장 좋은 계획이 꿈이라고 할 수 있다. 이 한 번뿐인 인생에서 정말 이루고 싶은, 하고 싶은 꿈은 있어야 하지 않을까? 아무리 해도 열정이 식지 않을 만한 일이고 이 일을 한다면 자신이 보람을 느낄 수 있는 일이어야 할 것이다.

꿈은 목표로 구체화되어야 한다. 단순한 꿈으로 끝나지 않으려면 그것을 확신하고 스스로 의무를 부여해야 한다는 것이다.

끊임없이 자신에게 무엇이 될지, 무엇을 할지, 무엇을 갖을지를 자문해야 한다. 스스로에게 능력의 한계는 없다는 가정이 필요하지 않을까 한다. 현재 수준 정도와 별반 차이가 없는 목표를 생각한다면 목표를 세우는 의미가 없다. 본인의 능력은 무한대라고 생각하고 적어보는 것이 필요하다. 그리고 객관적인 입장에서 어떤 사람으로 인식되기를 원하는지도 생각을 해야 한다.

이러한 꿈과 목표는 스스로 가장 중요하게 여기는 가치관과 조화를 이루어야 한다. 내가 원하는 것이 정말 스스로에게 중요한지를 물어봐야 한다는 것이다. 대다수는 가치를 선택하는 데 주변 환경을 고려할 수밖에 없을 것이다. 그러므로 현재 상태에서 꿈과 목표에 맞추어 가치를 선택하면 된다는 것이다. 가치라고 하는 것은 본인에게 가장 중요한 것이 무엇인가? 그게 왜 그리 중요한지를 잘 생각해봐야 한다.

실천을 위해서는 행동지침을 작성해야 하는데 사업계획과 마찬가지로 인생목표를 설정할 때는 단기, 중기, 장기계획을 세워야 한다. 단기는 인생을 목표한 대로 살아가기 위해서 필요한 준비단계라고 할 수 있다. 자신이 하고자 하는 일을 어떻게 발전시킬 것인가를 많이 생각하고 준비를 하는 단계라고 할 수 있다. 중·장기 계획은 준비단계를 거친 다음 꿈을 실현하는 단계라고 볼 수 있다.

어떤 심리학자가 장거리 마라톤 코스에서 4명의 선수들에게 임상 실험을 했다고 한다. 첫 번째 사람은 처음부터 마라톤 코스와 목표를 알려 주지 않았고, 두 번째 사람에게는 가면서 목표를 알려주었고, 세 번째 사람은 출발할 때만 알려주었고, 네 번째 사람은 처음부터 42.195km라고 알려주었고 가면서 몇 km 남았다고 계속 알려주었다.

결과는 어찌 되었을까? 목표 없이 뛰었던 첫 번째 사람이 제일 먼저 낙오를 했고, 두 번째 사람은 시작할 때 힘을 다 빼서 나중에 지쳐서 낙오를 했고, 세 번째 사람은 갈 길을 몰라 방황하다가 낙오를 했고, 네 번째 사람은 체력을 안배하며 목적지에 1등으로 도착을 했다는 것이다.

20~30대에는 인생의 목표를 세울 때 장래 무엇이 될 것인가부터 고민을 하였을 것이다. 그러다 보니 그 꿈은 꿈으로서만 마음속에 품게 되는 경우가 많았고 그 꿈이 실현되기 위한 구체적인 계획을 세우기가 막막했다는 경험들이 있을 것이다.

이제 그러한 과정을 다시 할 수도 없는 나이가 되어 버렸다. 새로운 인생을 위해 새로운 인생계획서를 작성해야 한다. 대부분의 우리는 현실에 만족하지 않는 경우가 많을 것이다. 이제부터 남은 인생의 목표를 달성할 수 있는 방법을 찾아야 한다.

아직 느끼지는 못하지만 선배들은 인생이 그리 길지는 않다고들 한다. 길지 않은 인생을 원하는 일을 한번 해볼 수 있는 마지막 기회일지도 모른다. 원하는 인생을 살 수 있는 인생계획을 설계하는데 집중을 해야 한다.

◆ 늙기는 하되 녹슬지는 말자

투자의 귀재라고 일컫는 워렌버핏은 팔순이 지났다. 몇 해 전 그가 "100살까지 현역으로 일할 것"이라고 말한 기사를 본 적이 있다. 이게 말이나 되나, 라고 생각하기는 분들의 생각은 두 가지일 것이다. 저런 양반이 뭐가 아쉬워서 그 나이까지 일을 한단 말인가 노후를 편히 쉬지, 하는 마음이 하나일 것이고, 또 하나는 그 나이에 현역으로 존재하는 것이 과연 가능할 것인가 하는 것이다.

수천 년이 넘도록 장수하는 노인들은 존경의 대상이었다. 불과 얼마 전까지만 해도 장수촌이니 뭐니 하는 마을을 찾아다니며 장수하는 비결을 알아내는 프로가 있었던 기억이 있다. 예전에는 오래 사는 일이 특별한 일이었으니 이런 프로가 있었기도 했고 사람들은 존경까지도 했었으나 요즘은 의학이 발전한 관계로 대부분의 사람들이 사고가 아니면 오래 살 확률이 높다.

장수를 신의 은총이라느니 하며 존경하던 사람들이 이제는 재앙이라고 외쳐대기도 한다. 일반적으로 나이를 먹으면 시간이 빨리 지나간다고 말한다. 그래서 우스갯소리로 10대 때는 10km의 속도로 흐르던 시간이 20대에는 20km의 속도, 30대에는 30km로, 40대에는 40km, 50대는 50km대로 시간이 눈 깜짝할 사이에 지나간다는 것이다. 그만큼 세월이 흘러감을 아쉬워한다는 의미도 들어 있다.

중국의 경전 중 하나인 《서경(書經)》 1편인 〈홍범〉에는 유교에서 이르는 다섯 가지 복이 나온다. 수(壽), 부(富), 강녕(康寧), 유호덕(攸好德), 고종명(考終命)이 그것이다. 유호덕과 고종명 대신 귀(貴)와 자손중다(子孫衆多)를 꼽기도 하는데. 이를 수부귀다남(壽富貴多男)이라고 한다. 수부귀다남이라고 하여 오래 사는 것을 부유해지는 것이나 높은 자리에 오르는 것 그리고 자손을 많이 보는 것보다도 우위에 두어 으뜸가는 복으로 쳤던 것이다.

예전에는 드물었다는 칠십(古稀)까지야 요즈음은 오래 살았다고 할 수도 없다. 백수(白壽)를 누렸다고 하더라도, 본인이 진정으로 하고 싶었던 일이나, 삶의 목표를 이루지 못하고 살았다면 진정한 장수를 누렸다고 할 수는 없을 것이다. 예전의 위인들 중에 젊은 나이에 요절(夭折)을 했지만 후세들에게 이름을 두고두고 남기는 삶을 살았던 분들도 계시지 않은가? 그분은 분명 충분히 오래 산 사람이라고 할 수 있을 것이다.

"하나가 필요할 때는 하나만 가져야지, 둘을 갖게 되면 애초의 그 하나마저 잃는다. 행복의 비결은 필요한 것을 얼마나 갖고 있는가가 아니라 불필요한 것에서 얼마나 자유로워져 있는가에 있다. 우리가 걱정해야 할 것은 늙음이 아니라 녹스는 삶이다 인간의 목표는 풍부하게 소유하는 것이 아니라 풍성하게 존재하는 것이다."라고 법정스님은 『살아있는 것은 다 행복하라』에서 말씀하셨다. 개인 각자가 어떤 식으로 나이가 들어갈 것을 곰곰이 생각해 볼 필요가 있다.

그냥 오래 산다고 하는 것은 개인이나 국가적인 측면에서 봤을 때는 전혀 축복이라고 할 수는 없을 것이다. 따라서 오래 산다고 하는 것은, 마냥 자연적인 숫자만을 늘리는 것으로는 뭔가 부족하다는 생각이 든다. 식물인간처럼 아무런 의미도 없이, 무의미하게 어제와 같은 오늘을 산다면 100세까지 산들 무슨 의미가 있겠는가? 오히려 단 하루를 살더라도 새로운 것에 대한 도전과 탐구의 자세로 촌음을 아껴 쓰는 것이야말로 진정으로 오래 사는 것이 아닐까? 생각해 본다. 누구나 오래 살기를 원한다.

필자도 가급적이면 젊은 직원들과 생각을 공유하려고 해도 가끔 이해하지 못하는 일들이 벌어지곤 한다. 그럴 때마다 그 직원들이 하는 말은 "세대가 달라서"이다. 나이가 들면 기억력은 감퇴하는 것이 당연하고 또 예전의 경험이나 사고방식을 하부 직원들에게 강요하는 경우가 많은 것 또한 사실이다.

늙은 2,30대가 있는 반면 젊은 6,70대도 있다.

『나이를 거꾸로 먹는 건강법』의 저자 히노하라 시게아키 박사는 금년 백 세(1911년생)로 한국에도 다녀갔었다. 그는 어떤 일이라도 생각하기 나름이라고 하며, **늙는다는 것은 쇠약해지는 것이 아니라 성숙해지는 것**이라고 강조하였다. '진정한 늙음과 젊음은 마음에 있다'고 하였다.

진정으로 늙어간다는 것은 세월의 시간적인 흐름 때문이 아니라 영혼이 탁해지거나 영혼이 죽어가기 때문이라는 것. 내면에 잠재해 있는 젊음의 에너지는 영혼이 얼마나 생동하느냐에 따라 활성도가 달라지며 젊음의 에너지를 끊임없이 자극할 수 있도록 영혼을 맑고 젊게 잘 간직한다면 진정으로 젊게 살 수 있다는 설명이다.

나이를 초월하여 젊게 살려면 꿈과 희망을 잃지 않고 건강한 몸과 마음의 활력, 본인이 하고 있는 일에 최선의 열정을 갖는다면 누구나 실제 나이를 잊고 정말 신바람 나는 남은 인생을 행복하게 살 수는 있지 않을까 한다.

나이가 많이 들어서 늙은이가 되는 것은 당연하겠지만 필자의 생각에는 더 이상 배울 것이 없다고 생각하는 순간부터 우리는 몸은 젊지만 늙어가기 시작하는 것이 아닌가 한다.

◆진정한 힐링(Healing)은 가족이다

가족이란 언제나 곁에 있는 사람들이다.

살아가는 동안 여러 가지 일들을 경험할 텐데 필자도 참 힘들고 긴 겨울을 지냈다. 세상의 번뇌를 혼자만 전부 가지고 있는 듯한 고민의 밤을 수없이 보냈다. 그때 누구보다도 힘이 되고 위로가 되어준 이들은 가족이다. 사실 우리 부부도 남들과 같이 사소한 일로 많이 다투고 살아왔다. 아내 때문에 힘든 적도 간혹 있었지만 아내 또한 필자 때문에 힘들어 한 적이 한두 번이 아니었을 것이다.

가족은 늘 주변에 있어 고마움을 느끼지 못하는 공기와 같은 존재가 아닐까? 따뜻한 말 한마디, 혹시 마음 상해할까 노심초사하며 필자에게 힘을 불어 넣어주고 어려움을 헤쳐 나갈 수 있게 도와준 아내에게 감사의 말을 전하고 싶다. 더불어 사랑한다는 말도 함께 전하고 싶다. 난감한 일들의 대부분 해결책은 가족을 생각하는 마음이고 의지하는 마음이 아닌가 한다. 가족이 아니었다면 그 깊은 수렁에서 벗어날 수 있었을까? 라는 생각마저 든다.

예전에 보았던 〈1리터의 눈물(1リットルの 涙)〉이란 일본 드라마가 생각난다. '척수소뇌변성증'이라는 불치병으로 25살의 짧은 생을 마감한 키토 아야의 투병일기 『1리터의 눈물(1リットルの 涙)』가 드라마와 영화로 만들어져 많은 사람들의 눈물샘을 자극한 저자의 소소한 일상을 담고 있다.

평범한 소녀였던 15살의 저자가 이름마저 생소한 불치병에 걸린

후 손가락이 굳어 더는 글씨를 쓸 수 없게 된 20대 초반까지 병마와 싸우며 힘겹게 한 글자 한 글자 써내려간 투병일기를 엮었다. 자신에게 닥친 시련을 받아들이지 못하고 고통 속에서 눈물의 시간을 보내던 저자가 다른 장애인 친구들을 만나고 자신을 위해 헌신하는 가족과 친구를 보며 절망스러운 상황에서도 좌절하지 않고 하루하루 최선을 다해 살아가는 저자의 이야기는 우리에게 스스로의 삶을 되돌아보게 하며 살아 있다는 것의 의미와 가족의 소중함을 생각하는 기회를 전해준다. 주인공과 그 아픔을 지켜보는 가족들 특히 어머니의 역할을 했던 배우의 절제된 표정연기를 잊을 수가 없다. 지금 생각해봐도 참 슬픈 드라마였다.

필자도 결혼 초에 이 드라마에 비할 바는 아니지만 그런 절망과 좌절을 경험한 적이 있다. 큰아이가 엄마 뱃속에서 한참 자라고 있을 즈음에 필자의 몸에서 암세포가 불거져 나온 것이다. 주변에 있는 종합병원에서는 수술이 불가하다고 해서 부산의 대학병원으로 갔었는데, 처음으로 입어보는 환자복이 어찌나 어색했는지 지금도 그 당시의 기분이 느껴지는 것 같다.

처음 진단한 병원에서 소견서를 받아 갔지만 정밀검사를 다시 했다. 그러나 결과는 마찬가지였었다. 빨리 수술을 하지 않으면 젊은 나이이기에 암세포의 빠른 전이가 있을 수 있다는 의사 선생님의 소견이었다.

수술하기 전날 밤에 느끼는 감정은 경험하지 못한 사람들은 알 수 없을 것이다. 필자의 경우는 첫 아이가 엄마 뱃속에 있을 때였기에 큰 절망감을 맛보았던 것이다. 사실 괜히 결혼했다는 생각까지 하였다. 한 여자의 인생을 망치는 것이 아닌가 하는 생각마저도 들고, 아내와 우리 아이가 앞으로 어떻게 살아갈까 하는 생각을 하며 병원 계단에 앉아 밤새도록 울며 담배를 피웠다.

다행히 암세포가 발견된 때가 초기여서 수술을 하고 한동안 병원에 입원해 있다가 퇴원을 했다. 그 이후로도 두 달에 한 번씩 병원에 가서 검사를 계속 받아야 했었는데 그럴 때마다 불안한 마음과 긴장감을 항상 가지고 살았다. 그런 지독한 절망감을 경험하고 나니 새로운 세상을 선물로 받은 듯한 기분마저 들게 되었고, 이제까지보다 조금은 더 열심히 살아야 되겠다는 생각을 하게 되었다.

가족이란 이름으로 대부분의 사람들은 많은 힘과 위안을 얻게 된다. 물론 신문지상이나 여러 매체를 통해서 나오는 뉴스들을 접할 때 오히려 남남보다 못한 관계를 유지하고 사는 가족도 있지만 여전히 가족이라고 하는 것은 뭉칠 수 있는 힘을 가지고 있다. 사랑하는 가족이 없다면 세상에 존재하는 많은 부귀와 성공과 명예가 무슨 소용이 있겠는가? 무심하고 무뚝뚝한 남편과 잔소리 많은 아내이지만 세상을 당당하게 살아갈 수 있게 하는 원천인 것이다.

가족이 있었기에 내가 존재할 수가 있었고, 가족이 있었기에 지금도 힘을 얻어 하루하루를 살아가고 있다. 물론 가족이라는 이름 아래 서로 상처를 주는 일 또한 흔한 일이기도 하지만 그래도 대부분

가치혁신을 위한 자기경영비법

은 서로 의지를 하며 살아가고 있다.

내가 세상에 태어나도록 해주고 울타리가 되어준 가족, 내가 결혼을 할 나이가 되어 내가 만들어가는 가족, 언젠가는 그 울타리를 떠날 때도 있지만 언젠가는 다시 돌아가게 되는 것도 가족이다. 가족이기에 남들이 믿지 않아도 믿어주어야 하고, 남들이 손가락질해도 유일하게 감싸줄 수 있는 게 가족이다.

가족이라고 하는 것은 같은 공동체 안에서 살을 맞대며 살아가는 것이다. 가족이 다 같이 모여 식사하는 자리에서 아이들은 그날 친구들과 있었던 기분 나빴던 이야기며, 친구들과 놀았던 이야기, 배가 아파서 양호실에 갔었다는 둥 사소한 일들을 풀어내기도 하고, 아빠는 아빠대로 엄마는 엄마대로 그날의 일들을 이야기하며 밥공기를 비워나가는 시간을 아쉬워하는 게 가족이 아닌가.

필자는 요즘 초등학교 6학년인 딸내미의 이야기를 들어주는 시간이 많다. 아내가 학교에서 공부하는 시간인 평일 저녁에 아이들과의 시간 대부분은 나의 차지가 되어 버렸다. 큰놈은 중학생이라 학원이 늦게 끝나기에 같은 시간을 공유할 때가 별로 없어서 딸내미와 많은 시간을 보낸다. 오락을 같이 하기도 하고, 숙제나 공부하는 것을 봐주면서 같이 공부도 하고, 필자가 글을 적고 있는 것을 유심히 들여다보기도 하며 퇴근 이후의 시간을 대부분 같이 보내고 있다.

결국 가족이라고 하는 것은 같은 공간 내에서 어떤 것을 같이 체험하는 것이 중요하다고 생각한다. 아이들과 시간만 맞으면 캠핑 장비를 차에 싣고 1박2일이든 2박3일이든 어디론가 떠나 낯선 곳에서 하룻밤을 같이 지내면서 맛있는 음식도 같이 준비를 해서 먹고 설거지도 같이 하며 이런저런 이야기를 많이 할 수가 있다. 야구 시즌이 되면 야구장을 찾아서 신나게 응원을 하기도 하며 우리 아이들이 부모와 같이 생활하면서 뭔가를 배우게끔 하고 뭔가를 생각하게끔 하고 싶다.

중요한 것은 '같이'라는 것, '함께'라는 것이다. 언젠가 시간이 되면 우리 부부의 곁을 떠나 넓은 세상을 향해 나갈 아이들이기에 그전에 가족 구성원으로서의 동질감을 많이 느끼게 해주고 싶은 것이다.

세상에 예쁜 꽃은 많아도 미운 꽃은 없다. 꽃이 크든 작든, 예쁘든 안 예쁘든 다들 사연을 안고 살아가다 누군가의 손에 꺾여 잠시 화려한 시간을 보내다 금방 시들어 버린다거나 초라한 삶이지만 길게 목숨을 연명하기도 한다. 눈에 보이는 꽃은 유한한 생을 살다 가지만 마음속의 꽃은 언제나 싱싱한 그 모습을 간직한 채로 예쁘게 자라고 있다. 추억이 그것이다. 진짜 꽃보다 더 아름답고 더 가슴을 울렁거리게 만드는 꽃이다.

나이가 들어갈수록 사람들은 회귀본능에 보조를 맞추는지 모르겠지만 과거의 경험들을 떠올리며 회상에 젖으며 행복한 순간을 갖기도 한다. 어릴 때의 소중했던 추억들이 기억 속에서 사라질 것을 두려워하기 때문은 아닐까 생각한다. 그런 생각에 우리 아이들의 머릿속에 가족이 언제나 함께 고민하고 즐거워하고 행복했다는 기억을 새겨주고 싶다. 그것이 가족을 향한 우리 부부가 지금 할 수 있는 배려이기도 하거니와 우리 부부가 행복하게 사는 방법이다.

◆ 리폼(Reform)은 새로운 가치의 창조다

인생을 표현함에 있어 기독교에서는 삶을 잠깐 있다가 없어지는 안개로 표현을 하고, 불교에서는 한조각 뜬구름이라고 표현을 한다. 산다는 것이 그만큼 허무하다고 생각하는 것 같다.

주변의 선배들도 가끔 하는 말이 '진짜로 시간 잘 가네'이다. 필자도 요즘 공감을 하고 있는 것은 하루하루는 잘 안 가는 것 같은데 1년은 금방 지나간다는 것이다. 찰나(利那)의 인생을 살아간다고 표현을 하는데 찰나는 불교에서 사용하는 최소 시간 단위로, 지극히 짧은 순간을 의미한다. 처음에는 불교에서 사용했지만 불교뿐만 아니라 일반적으로도 많이 사용하고 있는데 보통 극히 짧은 시간, 순간, 가장 짧은 시간 등의 의미로 사용한다.

본래 찰나란 산스크리트의 'ksana'를 음역한 것인데 '순간(瞬間)'이라는 의미를 갖고 있다. 그래서 이 의미를 살려 '생각이 스치는 한 순간'처럼 짧다는 뜻으로 염념(念念), 일념(一念) 등으로 의역되기도 한다.

찰나의 시간적 길이에 대해서는 정확한 정의가 없지만 보통 손가락을 한 번 튕기는 사이에 65찰나가 흐른다거나 또는 1/75초에 해당한다는 등의 설이 있다. 길고 긴 인생의 여정으로 느끼고 살아가지만 긴 여정 같은 우리의 삶은 이 찰나의 순간에 불과할 수도 있다.

매미의 삶과 인간의 삶을 비교를 해 보자. 매미는 여름철 6월~8월에 교미하여 나무껍질 속에 알을 낳는다. 껍질 속에서 애벌레가 되면 땅속으로 들어가 나무 액즙을 빨아 먹으며 6~7년 정도 지낸다. 시간이 지나 성숙한 매미는 여름철 밤이나 새벽을 이용하여 땅속을 나와 나무 위로 올라가 나무껍질에 발을 고정시키고 허물을 벗어 매미가 된다. 매미가 되어 약 2주~3주 정도 살다가 생을 마감한다. 매미의 삶이지만 참으로 오랜 인고의 시간을 보낸 매미가 세상에 나와서 보내는 시간은 참으로 허무한 시간 그 자체인 것이다.

또한 인생을 꽃과 같다고 표현하고 있다. 꽃은 화려하게 보이고(물론 아닌 꽃도 있지만) 향긋한 향기까지 퍼트리지만 곧 시들어 버린다. 결국 영원한 아름다움이란 없다는 것이다. 꽃으로 피어나기 위해서도 여러 가지 일들이 일어난다. 씨가 땅속에 떨어지고, 싹을 틔우고, 줄기가 생겨 나오고, 꽃이 피어나는 것이다. 이 또한 하나의 꽃으로 피어나기 위해, 잠시의 아름다움을 나타내기 위해 오랜 시간과 많은 과정을 거쳐야 한다.

그러나 정작 우리가 보는 것은 활짝 피어난 꽃 자체만인 경우가 많다. 화려할 때야 주위를 둘러볼 겨를이 없을 정도로, 주위의 시선을 많이 받으며 시간을 보내겠지만 시들어 버리게 되면 시련이 다가온다. 시련이 가슴속에 맺혀 시련의 응어리가 뭉쳐서 씨가 되어 인생의 뒤안길 즉 다시 땅속으로 들어가게 되는 것이다. 인생의 화려함 안에는 언제나 시련이라는 단어가 숨어 있는 것을 알아야 한다.

직장 생활을 할 때 보면 인생사가 새옹지마(塞翁之馬)라고 느낄 정도의 변화가 일어날 때가 있다. 직장 생활을 하는 동안 영원히 내 뒷자리에 앉아서 평생 나를 괴롭힐 것으로 보이던 선배도 팀 이동을 하든지, 전출을 가든지, 회사를 이직하여 계속 같이 근무를 못 하는 경우가 왕왕 있다. 왕성한 직장 생활을 힘차게 해 나가던 시절이 지나고, 후임들이 어느 정도의 자리를 차지하는 시기가 오면 괜한 걱정부터 하기 시작하게 된다. 직장 생활을 하는 사람이라면 어느 누구도 이런 생각에서 자유로울 수가 없을 것이고 화려한 시기에는 생각할 필요가 없었던 것이다.

필자도 이런 상태로 직장 생활을 계속해 나갈 수 있을까? 지금부터 5년, 10년 후에도 계속해서 가정을 지키기 위해, 내 가족을 위해 살아가는 기본적인 돈을 벌 수 있을까? 또 그 이후에는 어떤 일을 하게 될까? 우리 아이들 학교는 무사히 마쳐야 할 텐데, 하는 걱정을 가끔 하게 된다. 이 땅의 40~50대 가장이라면 누구나가 하는 걱정이다. 경제적인 것도 문제지만 앞으로 무슨 일을 해 나갈 것인가 하는 점이다. 언론매체에서는 40~50대는 언제든지 이직을 할 수 있는 마음의 준비를 해야 한다고 한다. 서글픈 일이기는 하지만 무시하고 지나갈 수 없는 엄연한 현실은 현실이기 때문이다.

필자가 직장 동료들에게 해주고 싶은 이야기는 일단은 주어진 직장에서 충실히 오늘 일하고 그만둘 것처럼 열심히 일을 하고, 후임들에게도 그동안의 수많은 경험을 그들이 시행착오를 거치지 않도록 유익한 조언과 교육을 해야 할 것이다.

다가오는 미래를 겁을 내거나 걱정만 한다고 해서 달라질 것은 없으니 적극적인 경험을 통하여 부딪치는 수밖에 없다. 내 인생의 후반기에 어떤 인생을 살 것인가를 생각해보며 그림을 그리듯 구체적으로 형상화해 보는 것이 필요하다. 처음 직장 생활을 하기 전 학창 시절에 아르바이트를 해 본 경험이 직장 생활을 하는 데 많은 도움이 되었던 사실을 기억해 보면 정년을 마냥 기다리는 것보다는 후반기의 밑그림대로 미래를 준비하는 과정이 필요하다.

필자는 시간이 날 때마다 아내를 도와주려는 마음에 설거지를 한다. 하다 보면 미끄러워 접시를 깨트릴 때도 있지만, 접시의 끝부분만 조금 깨진 경우, 이 빠진 경우라고 할 수 있을 정도의 파손이 생기는 경우가 있다. 어릴 적 기억으로는 그런 접시나 그릇도 사용하기도 했던 것 같은데 사실 그런 그릇은 주부들의 손에 생채기만 남길 뿐이다. 그래도 버리기 아까워 사용을 하곤 했지만 역시 계속 사용하기 힘들고 더군다나 손님이 방문할 때는 손님 앞에 내세울 수 있는 접시는 못 된다.

그동안 수많은 시간을 우리 가정의 행복한 식사 시간이 될 수 있도록 기본 받침대가 되었던 접시지만 이가 빠지면 그 순간 홀대받을 수밖에 없는 것이다. 접시로 남겠다고 주장을 하면 접시로서의 가치는 점점 떨어지겠지만 접시의 용도가 아닌 다른 용도로 변경을 한다면 나름대로의 용도는 충분히 있을 것이다.

　요즘은 많은 가정에서 오랫동안 사용해 왔던 가구며, 소파며, 싱크대 같은 것도 리폼(Reform)해서 많이 사용을 한다. 어렵고 힘든 시간을 지내고 수많은 경험을 하며 살아온 직장 생활이 아닌가. 이제는 **이빨 빠진 접시로 살 것이 아니라 새롭게 변신하기 위한 밑그림을 그려야 한다.** 새싹이 피어날 것을 기다리는 마음으로 시들어가는 시간 또한 즐길 필요가 있다.

제10장

분식회계

제10장

분식회계(window dressing settlement)
(지금 여기서 이러시면 안 됩니다)

글로벌 경쟁시대를 맞아 기업의 회계 처리와 재무제표에 대한 국제적 통일성을 높이기 위해 국제회계기준위원회에서 마련해 공표하는 회계기준을 따르고 있는데 그에 걸맞게 기업의 경영투명성을 확보하는 문제가 시급한 과제로 등장하고 있다. 그러나 일부 기업에서는 경영 실적을 크든 작든 이해관계자에게 속이는 일이 더러 있다. 분식회계는 일반 기업이 회사 자금(資金)의 융통(融通)을 원활히 하기 위한 목적(目的)을 가지고 고의(故意)로 이익(利益)을 부풀리는 회계(會計)를 말한다.

'분식(粉飾)'이란 말은 실제 모습보다 좋게 보이도록 하기 위해 얼굴에 분칠(화장)을 한다는 뜻으로 분식회계는 결국 회사의 실적을 좋게 보이기 위해 기업이 이익을 실제보다 부풀려 재무제표상의 수치를 고의로 조작하는 것과 손실이 발생한 경영 성과를 이익이 난 것으로 처리하는 방식으로 조작하여 표시하거나 손실 규모를 줄여 표시하는 것을 분식회계라고 한다.

영어에서는 분식이라는 뜻과 비슷한 'Window Dressing(상품들을 고객들에게 실제보다 더 멋있게 보이게 하기 위해 그럴싸하게 예쁘게 배열하거나 치장하는 일)'이라고 주로 쓰고, 좀 강도가 높은 것은 'Accounting Fraud(회계사기)'라고도 표현한다.

분식회계를 하는 방법은 수도 없이 많을 것인데 그중 대표적인 것이 재고의 가치를 장부에 과대 계상하는 방법과 팔리지도 않은 제품을 매출한 것처럼 작성하여 매출채권을 부풀리는 방법, 매출채권의 대손충당금을 적게 쌓아 이익을 부풀리는 방법 등이 있다. 분식이라는 의미 자체만 보더라도 이 방법은 기업이 어려울 때 많이 등장한다고 보아야 할 것이고 우리나라의 경우에는 IMF 이후에 많이 발생했다고 한다. 불황기에 회사의 신용도를 높게 보이게 하여 주가를 유지시키고 자금조달을 용이하게 할 수 있어 이러한 분식회계 방법이 많이 이용되고는 있지만 주주 및 채권자 등 이해 관계자들에게 그릇된 정보를 제공하게 하여 금전적으로 큰 손해를 끼침은 물론, 탈세와도 연관성이 있어 상법 등 관련법에서 엄격히 금지하고 있다.

기업의 가치와 경영자에 대한 평가는 기업의 건전한 재무 상태를 유지하면서 얼마나 좋은 경영 성과를 내느냐에 따라 결정된다고 할 수 있다. 대부분 경영자는 자신의 경영 능력을 과시하기 위해 가능하면 회사의 자산과 이익을 좋게 보이고 싶어 하는 생각을 가질 것이다. 반대로 세금을 회피하거나 비자금을 조성할 목적으로 이익 규모를 줄이거나 비용을 실제보다 부풀려 순이익을 줄이고 싶어 하는 경영자도 있을 것이다.

이렇듯이 만일 경영자나 단일 회사에서 재무제표를 임의대로 작성하게 버려둔다면 이런 이유들로 인해 결산한 장부의 신뢰성을 보장할 수 없으며, 기업들 간 실적을 상호 비교할 수가 없는 것이다. 기업의 경영 상태에 대한 상황을 체크할 수 있는 즉 건강상태를 보여주는 재무제표가 왜곡된다면 기업에 대한 올바른 진단을 할 수가 없어서 올바른 경영 체계를 유지할 수가 없는 것이다.

기업의 경영자와 마찬가지로 개인도 자신감을 표현하는 방법일 수도 있고, 타인에게 예쁘게 보이고 싶은 마음의 표현일 수도 있는, 즉 타인에게 좋게 보이고 싶어 하는 생각을 가지고 있다. 사람도 사람의 외모와 기질, 개성도 몇 가지 형태로 분류가 된다. 크게 보면 동양, 서양의 형태가 차이가 난다 할 수 있을 것이며, 그에 맞춰 사람의 화장하는 방법도 달라질 것이다.

필자는 화장하는 법에 대해 전혀 지식이 없어서 정확히는 알 수 없지만, 자연스러워 보이는 화장이 무난하지 않을까 하는데, 보기에 가장 자연스러운 화장은 엷게 화장하는 것일 것이다. 생각하기에는 엷게 화장하는 것이 가장 간단한 화장법이라는 생각이 들겠지만 피부색, 연령대, 피부 상태에 부합되게 일정한 순서에 맞추어 세심하게 전면적으로 화장하는 것이 쉬운 일만은 아닐 것이다. 그렇게 하더라도 전반적인 조화가 되지 않는다면 부자연스러운 느낌이 생길 것이기 때문이다. 이 모든 것을 생각지 않고 하는 화장은 타인이 보기에도 예쁜 얼굴이 되지 않을 수도 있고 피부에 트러블이 생길 수도 있을 것이다.

기업을 운영한다는 것은 기업의 강, 약점을 언제나 파악을 하고 있어야 하며, 기업의 재무 상태를 정확히 파악을 하고 있어야 한다. 과도한 욕심으로 인해 그릇된 판단을 하여 기업을 일시에 무너뜨릴 수 있는 분식회계를 절대 하지 말아야 하는 것처럼 개인도 자신의 상태에 대해서 정확히 진단을 해보고, 자기 신체의 주인은 본인임을 확인하여 육체적, 정신적 건강을 해칠 수 있는 일은 절대 삼가야 한다.

『2005년에 이루고 싶은 101가지』에서 구형서 작가는 자기가 진정으로 하고 싶은 일이 무엇인지 깨달았다면 그것이 어떤 종류의 것인지를 이해해야 하는데 대략 세 가지 단계로 나눠서 이해할 수 있다고 하였다. 제일 먼저 자기가 하고 싶은 것이 지금 하고 있는 직업과 관련된 것인지, 아니면 다른 분야의 것인지, 그것이 혼자 이뤄낼 수 있는 성격의 것인지, 아니면 누군가와 함께 해야 하는지, 또 원하는 것을 이루기 위해 무엇을 포기해야 하는지, 그 시점에서 자신의 인생을 다시 점검해 보는 작업이 필요하다는 것이다.

개인이 자신의 인생을 좀 더 향상시키기 위해서는 최선의 자기 계발 프로그램을 작성해야 하는데 타인의 프로그램을 참고는 하여도 결국은 자기 자신의 내부로부터 답을 찾아내야 한다.

우리가 자동차를 운전하려면 자동차와 교통법규에 대해 알아야 하고, 좋은 부모가 되려면 아이들의 행동을 보며 관심과 애정을 쏟아야 하며, 컴퓨터를 작동하려면 기기에 대한 최소의 기본적인 상식이 있어야 한다.

하지만 우리는 우리 자신이 무엇을 좋아하는지 무엇을 잘할 수 있는지에 대해 잘 알고 있는 사람은 드물다. 자신을 가장 잘 아는 사람은 진정으로 자기 자신일까? 아니면 다른 사람일까? 우리는 자기 자신을 매일 관찰하고, 행동하고 자기 몸의 주체는 자기라고 생각하기 때문에 자신만이 자신의 감정을 느끼기 때문에 다른 사람들보다 자기 자신을 더 잘 안다고 믿는 경향이 있다. 그렇기 때문에 다른 사람이 나에 대해 뭔가를 지적하면 무조건 "네가 나에 대해 뭘 알아?"라고 대답하기 마련이다. 그렇지만 우리는 내가 그동안 감지하지 못했던, 내가 그런 면이 있었나? 할 정도로 내가 모르는 것을 다른 사람이 정확하게 지적하고 있다는 사실에 놀랄 때도 간혹 있곤 한다.

그래서 때로는 나 자신을 가장 잘 아는 사람이 나인지 아니면 다른 사람인지 명확하게 분간이 안 갈 때가 많다. 대체로 타인이 그것을 알려주는 경우가 많기 때문이다. 그러나 그것조차도 진정 자신 본연의 모습을 타인이 이야기를 한 것인지, 타인이 원하는 나에 대해 언급한 것인지조차도 알 수가 없다. 대부분이 주변 환경의 영향을 탓으로 타인이 원하는 방향으로 행동을 하거나 본인의 의지와는

가치혁신을 위한 자기경영비법

관계없이 좋아한다고 생각할 수도 있고 스스로를 거기에 합리화시키는 경우도 있기 때문이다.

개인도 이럴진대 기업은 더욱 그럴 것이다. 제발 경영자들이여, 말로만 초심으로 돌아가지 말고 초심으로 돌아갈 것을 권유하는 직원들의 말을 가슴에 새겨듣기를 바란다.

유명 펀드매니저나 애널리스트도 기업을 평가하는 방법 중 하나로 직접 회사를 방문하는 방법을 많이 이용한다. 처음에 한두 번은 그러려니 했었는데 왜 이 친구들이 수시로 회사를 방문할까에 대해 의문이 들었다. 그러다 우연히 들었던 내용은 보통 회사를 방문해서 IR(Investor Relation) 담당자에게 일반적인 정보보다는 구체적인 정보를 질문하기 위한 것도 있지만 회사의 분위기를 많이 본다고 한다. 특히 대표이사 Room을 보면 구분이 가는데 그것은 통상적으로 기업공개를 하기 전의 대표이사 Room에는 본인들이 제작하는 제품의 모형이나 사진들이 많이 걸려 있는데, 기업공개를 하고 나면 골프 치면서 찍은 사진, 정치인들과 찍은 사진, 공로패, 표창장 등등으로 채워진다고 한다. 우스갯소리겠지만 그중에서도 정치인과 찍은 사진이 늘어나면 자기들은 가지고 있던 주식을 판다고 한다. 그때는 웃어넘겼지만 나름 일리는 있어 보인다.

대개 중소기업은 기업공개를 하고 나면 대표이사는 이전까지 꿈도 꾸지 못했던 엄청난 부(富)를 손에 쥐게 된다. 농사짓던 사람이 땅값 상승으로 인해 졸부가 되는 정도 이상으로 엄청난 부자가 될 가능성이 많은 것이다. 이제까지는 종업원들과 합심을 해서 열심히 기업을 일구고자 하였지만 기업공개를 하고 나면 대표이사 혼자 잘해서 회사를 성장시킨 양 돌변하는 대표이사들이 가끔 있다고 한다.

그래서 기존 종업원과 차별을 하기 시작하는 방법 중 하나가 유명인과 이런저런 모임을 갖는 것을 자랑하는 것을 필두로 이때까지 전혀 참가한 적도 없는 엄청 비싼 경영포럼에 참석을 하기도 하고, 고정적인 외부모임과 골프모임을 갖고, 전에 없는 기부도 하고, 목소리와 어깨에 힘이 잔뜩 들어가서 종업원들이 업무상 조금만 실수를 해도 벌레 쳐다보듯 눈을 부라리며 훈계를 하면서 말로는 초심을 잃지 않고 있다고 수없이 강조를 하고 있다고 한다. 그래서 초심을 유지한다는 게 엄청 어렵다고 하는 것이다. 그러나 상황은 언제든지 반전이 기다리고 있다. 자신이 소유하고 있는 능력과 한계를 정확히 파악을 하고 미래를 계획해야 한다.

인격적으로 덜 성숙된 사람이 기업을 운영한다면 시류를 잘 타서 일시적으로 기업이 잘되는 것처럼 보일지는 몰라도 지속될 리는 만무하다. 우리들이 살아가는 세상은 그 속의 사람들이 살아가기 위한 최소한의 규율이라는 것이 있다. 그 조직을 유지하기 위함도 있지만 개인 각각의 안전도 보장하기 위함도 있는 것이다.

대부분의 사람들은 국가에서 정했든 기업 내부에서 정했든 어렵지만 그 규칙을 지키려 한다. 그러나 일부 욕심 많은 개인이나 소수 조직이 특정 목적으로 구성원들의 자유로운 생각과 행동을 제약해

가치혁신을 위한 자기경영비법

서 본인들의 뜻을 이루려 한다면 그 조직은 매우 위험에 처해질 것이다. **지금 여기서 이러시면 안 됩니다, 라고 말하는 종업원의 말에 귀를 기울여야 한다.**

더불어 독자들에게 당부를 하고 싶은 내용이 있다면 경영인들이 회사를 운영함에 있어 욕심을 부린다면 사직을 불사하고 막아주기를 당부하고 싶다. 그런 역할이 부족하다면 결국 화는 본인에게로 돌아오기 때문이다. 그냥 직급에 맞는 정도로서의 충언 정도로는 안된다는 것은 일이 벌어지고 나서야 알 수있기때문에 결단코 막아야 한다.

결국 기업이나 개인이나 자기 자신에 대해 정확히 인지를 하는 것이 자기 계발의 발판이 되는 것이 아닌가 생각한다. 자신을 알아야 자신의 부족한 점을 채우든지 자기가 잘하는 것을 더 계발을 하든지 할 수가 있는 것이다. 삶을 살아가면서 행복을 느끼기 위해서, 그리고 성공적인 삶을 살기 위해서 자기 계발의 필요성은 절대적이다.

자기 계발을 위해서는 먼저 자신의 모습을 알고 인정해야 한다. 그리고 한 걸음 더 나아가기 위해 노력해야 한다. 이렇게 자신을 인정하고 자기 계발을 위해서 노력하다 보면 그저 돈을 많이 벌기 위해서 살아갈 때보다 훨씬 더 큰 행복과 진짜 성공을 경험해볼 수 있을 것이다.

* 회계, 경영 관련내용은 기업회계기준법, ㈜영화조세통람, 두산백과를 참조함.